VENHA SONHAR COMIGO

VENHA SONHAR COMIGO

Copyright © 2018 by **Literare Books International Ltda**
Copyright do texto © 2018 by Ana Laura De Queiroz

Todos os direitos reservados. Nenhuma parte desta edição pode ser utilizada ou reproduzida – em qualquer meio ou forma, seja mecânico ou eletrônico, fotocópia, gravação etc. – nem apropriada ou estocada em sistema de banco de dados sem a expressa autorização da editora.

Presidente: Mauricio Sita
Diretora de projetos: Gleide Santos
Diretora de operações: Alessandra Ksenhuck
Diretora executiva e editora responsável: Julyana Rosa
Relacionamento com o cliente: Claudia Pires
Design de capa: André Leoncio
Edição de capa: Lucas Chagas
Digitação: Hellidy Martins
Correção geográfica: Glayce Aline
Preparação de texto e revisão: Diego Moura
Projeto gráfico e diagramação: Laila Braghero

Texto fixado conforme as regras do Acordo Ortográfico da Língua Portuguesa (Decreto Legislativo nº 54, de 1995).

```
Dados Internacionais de Catalogação na Publicação (CIP)
              (eDOC BRASIL, Belo Horizonte/MG)
─────────────────────────────────────────────────────────────
        Queiroz, Ana Laura de.
 Q3v       Venha sonhar comigo: uma história de aventura, independência
        e empoderamento feminino / Ana Laura de Queiroz. – São Paulo
        (SP): Literare Books International, 2018.
           288 p. : 16 x 23 cm

           ISBN 978-85-9455-116-0

           1. Direitos das mulheres. 2. Mulheres – Condições sociais.
        3.Identidade de gênero. II. Título.
                                                    CDD 305.42
─────────────────────────────────────────────────────────────
        Elaborado por Maurício Amormino Júnior – CRB6/2422
```

Literare Books International
Rua Antônio Augusto Covello, 472 – Vila Mariana – São Paulo, SP. CEP 01550-060
Fone: (0**11) 2659-0968
site: www.literarebooks.com.br / e-mail: contato@literarebooks.com.br

Queridos filhos Rafael de Queiroz Campos
e Victor de Queiroz Campos, dedico esta aventura
a vocês com toda gratidão pelo apoio recebido antes,
durante e após a viagem. A postura de vocês
foi fundamental para minha tranquilidade.
Minha admiração sempre.

Agradecimentos

Minha amada mãe Faustina de Araçatuba, na serenidade adquirida ao longo dos anos vividos e experienciados; escritora de crônicas para o jornal da igreja que em seus estudos até o 4º ano primário nos ensinou, exigiu, alertou para que fôssemos seres humanos dignos. Recentemente tomei conhecimento por minha irmã Giselda que, ao me casar, minha mãe comentou com ela que havia perdido sua confidente. A ti, mulher de fibra, minha amiga, exemplo de paz e amor, eterna gratidão. *In Memoriam*

Eurico, pai querido de Araçatuba, você, homem firme, com postura daquele que exigiu e cuidou. Lembro-me de que, ao longo das noites, nos cobria, colocava água na moringa para não passarmos sede, sempre preocupado com o nosso bem-estar. Ensinou que seu valor de vida era honestidade e que "credibilidade é nossa postura frente à vida e não o verbo". *In Memoriam*

Antonio Carlos Campos, que me presenteou com meus dois amores, os filhos amados. Em nossos quase 25 anos de casados, percorremos o caminho de como viver um relacionamento corrigindo todos os dias nossas diferenças e enfatizando o amor que nos unia. *In Memoriam*

Heloisa Helena Ribeiro de Castro que me orientou sobre como fazer as primeiras correções no livro.

Glaice Aline Pinto, essa querida amiga que deu vida ao corrigir minhas anotações de Geografia, uma professora exemplar, formada pela Universidade de São Paulo, licenciada em Geografia.

Em especial a todas as pessoas que acreditaram em mim como pessoa e estão com suas histórias neste livro desenvolvido com amor, alegria e muita diversão. Minha eterna gratidão.

Ter um fã que me seguiu na viagem foi tudo de bom. Ele se transformou em meu amigo, cuidou do meu Facebook durante minha jornada, criou uma imagem visual para mim, fez os mapas e ajudou a valorizar meu trabalho. E tudo isso foi de coração. Gratidão, André Leôncio, de Franca, interior de São Paulo.

Ao Maurício Sita, presidente da editora Literare Books, que há anos, durante uma de nossas conversas, me incentivou a escrever meu primeiro livro solo. Gratidão.

Não poderia deixar de mencionar todos da equipe da editora Literare Books, em nome da Claudia Pires, que sempre foram profissionais muito além do comercial. Vocês são fantásticos.

Ao Diego Moura e à Laila Braghero, que utilizaram do seu jornalismo e conhecimentos técnicos para deixar o livro compreensível e prazeroso de ler. Gratidão.

Agradeço ao Tales Queiroz Camargo, que me ajudou muito durante os dias em que estive em Araçatuba.

Por fim, aproveito para agradecer ao caríssimo Edvaldo Pereira Lima, pela generosidade em prefaciar meu livro. Obrigada pelas palavras carinhosas. Foi muito relevante a preciosidade desse grande mestre.

PREFÁCIO

Tempo de viajar, tempo de contar

*Por Edvaldo Pereira Lima**

Autenticidade é das qualidades que mais se deseja, em literatura de não ficção. Especialmente em narrativas da vida real. Autenticidade é das qualidades mais esperadas em histórias reais de viagem. As que honram a tradição do gênero, ultrapassando o território meramente informativo que você encontra nos guias de viagem, mergulhando fundo noutra dimensão narrativa: a da aventura da descoberta do que é, em princípio, estranho a nós. Diferente, pelo menos.

Criatividade é um desdobramento natural desse princípio da autenticidade. Criatividade não como sinônimo de coisa inventada, ficcional, mas criatividade como portal de se perceber o mundo com olhos abertos, sensibilidade na pele, inteligência clara, emoção solta, intuição ativa. Criatividade para o autor gerar sua narrativa da maneira que lhe seja a mais adequada e pertinente possível, sem muito apego a normas literárias rígidas, mas, sim, fazendo fluir o seu modo muito pessoal de ver, sentir, reproduzir e compartilhar o mundo.

Essas muito bem-vindas marcas de um texto de viagem sedutor, capaz de conduzir o leitor a uma aventura de descoberta, estão presentes neste livro de Ana Laura. De um modo todo seu, sem o apego que o

Prefácio

condicionamento de uma formação muito rígida na arte da comunicação poderia lhe causar, a autora vai tecendo sua história de mergulho aventureiro no Brasil Profundo, ela própria protagonista e repórter, etnógrafa e viajante. Contadora de histórias. A sua e a dos estranhos ao seu mundo que logo são cativados pela sua empatia de aproximação e se tornam muito rapidamente íntimos, vizinhos de coração.

Narrativa de viagem é muito mais do que apenas paisagem e cenários deslumbrantes ou exóticos, curiosidades que nascem da nossa limitação cultural quando nos deparamos com aquilo que é diferente de nós. É principalmente gente.

Dona Maria Pereira Picanço Pacheco. Isso mesmo. Quatro Ps. Vivendo sua vida digna de artesã, nos cafundós do quintal do Norte do Brasil. Crochê, capa de sofá, lençol, tapete. Tudo isso é com ela mesma, produzindo e vendendo suas criações, conduzindo seu existir com a fé de uma vela que nunca apaga no altar de sua casa.

E salve Nossa Senhora de Nazaré, e salve Santa Rita de Cássia!

Dona Eliana Barreto em Alter do Chão – esse destino paradisíaco natural que ainda é desconhecido por muitos e muitos brasileiros, mas venerado por estrangeiros que sabem – e sua história de família de migrantes que partiram do Nordeste, fincaram pé na Amazônia depois de muitas peripécias e uma epopeia que não entra nos livros oficiais de história. Não entra porque o discurso predominante mal registra os anônimos dos inúmeros capítulos populares que também fazem parte do grande quadro da história múltipla deste povo diversificado que constitui a narrativa épica do Brasil.

Ana Laura traz sua contribuição. Daí a presença, neste seu livro, de Amarildo, o artista popular que vive em sua casa colorida lá para os lados de Igatu, Bahia, cercado pelas suas criações que dizem muito sobre o imaginário e os sentimentos que povoam muito do inconsciente coletivo brasileiro. *A minha história de vida como fã do cantor Roberto Carlos* e *A minha fascinante história como fã número um de Xuxa Meneghel*.

E dali para outro extremo do Brasil, outro capítulo, outra história, outra aventura de viver. João Waldemar Jung em Foz do Iguaçu. Nada a ver com Carl Gustav Jung, imagino, o pai do conceito de inconsciente coletivo, esse mar mental da soma de todas as nossas mentes em que estamos imersos.

E sua memória – a desse nosso Jung, o do Paraná - não tão assim distante dos sete irmãos homens e três irmãs e do pai que fecha a marcenaria na vila onde moram porque conclui que não conseguirá mais sustentar a família ali, partindo para a cidade maior. E a mãe da família, dona Athe, nos seus oitenta e oito anos trazendo da memória o tempo em que os filhos, crianças, carregavam tijolo na construção do pequeno dormitório – depois hotel – que seria o espaço de salvação de duas, três gerações, em meio ao naufrágio social que pode assolar o destino de muitos sonhos.

Só dramas?

Não. Alegria, humor e sabor de viver convivem, nas páginas do livro, com as condições externas nada favoráveis que forjam o mundo de muita gente boa de alma e coração, mas precária de meios materiais que tornam o dia a dia um desafio.

Por isso Curiozzzo, o site de Henrique Araújo que a autora descobre no Rio Grande do Norte e que se dá ao prazer de listar nomes divertidos de lugares, como Jardim de Piranhas, Venha-Ver, Passa e Fica.

Nada interessante?

Tudo bem, mas e o que dizer de São Miguel do Gostoso?

Esses são retratos do mundo que a autora vai desenhando em sua narrativa, reflexo de sua imersão na realidade que encontra, Brasil a dentro.

Mas a viagem não é só externa, em descoberta dos outros. É também uma desculpa para a redescoberta de si.

Ana Laura e seu repouso de guerreira após uma viuvez. Após anos criando a família sob as duras demandas das dificuldades financeiras, das emoções instáveis, das inseguranças e medos.

Que na viagem são mesmo os de... barata! Bem, todo guerreiro – e toda guerreira – tem um calcanhar de Aquiles, sim?

Vamos relevar esse – digamos assim – ponto desfavorável da viajante aventureira que outras paradas consegue enfrentar com honra e glória.

Mergulha fundo. Em si. Medita, reflete, revê a própria vida. Toda ela. Sua trajetória. Seu propósito. Seus feitos. Seus motivos.

Prefácio

Sua tristeza. Sua coragem. E sua vontade de resgatar a alegria.

Viver. Simples. Queremos o melhor. Um sentido. Uma razão de ser. Um propósito.

Nem sempre é fácil encontrar, particularmente no corre-corre desenfreado da vida virtualmente próxima da maluca em que estamos hoje. Muita demanda, muita exigência, muita tensão. E os nossos olhos e ouvidos no celular cruzando a rua distraídos pelo fascínio do WhatsApp ou do Facebook ou Instagram, sem nos alertarmos para o perigo imediato do carro que se aproxima no cruzamento de farol aberto para o trânsito, fechado para nós, transeuntes alienados de nós mesmos, da nossa realidade, do nosso ser.

Às vezes é preciso viajar. Para nos reencontrar. E então poder estender a mão para o outro, reconhecê-lo. Nosso irmão de jornada. Nossa irmã de fé, caminhantes pelas suas próprias vias pela jornada de viver que é única de cada um, mas é também de todos nós, filhos das estrelas neste planeta desafiador, difícil, paradoxalmente maravilhoso.

Às vezes é preciso também contar.

Ana Laura.

Nas páginas a seguir.

_____

*Edvaldo Pereira Lima é escritor, jornalista, professor universitário e story coach. Um de seus cursos online ensina Narrativas de Viagem, e um de seus livros narra uma viagem pela Colômbia como símbolo da utopia da integração latino-americana. Seu título mais recente, *O Mentor*, conta a história de vida de Roberto Shinyashiki. | www.edvaldopereiralima.com.br

APRESENTAÇÃO

Meu nome é Hellidy Martins. Conheci esta mulher e escritora maravilhosa graças a um amigo em comum, Willian Santos, que nos apresentou. Fiz o desenho a seguir por causa dos personagens que conheci ao trabalhar com Ana Laura.

Cada um deles carrega um pedacinho do Brasil dentro de si. Tentei ser fiel, acima de tudo, para caracterizar estas pessoas tão preciosas que apareceram em algum lugar, nesta obra.

Por causa de problemas no ombro, Ana Laura me convidou para trabalhar com ela e digitar seu livro enquanto me ditava suas palavras, pensamentos e lembranças dos dias em que descobriu um país ainda desconhecido, mesmo morando nele.

O Brasil que ela me apresentou era rico em cores, as pessoas com as quais teve contato marcaram algo que ela expressava no livro, conforme a ouvia em sua casa. Fui notando também que havia mais do que uma experiência extraordinária, comecei a pensar mais nas coisas que vislumbrou ao ponto de perguntar aos meus amigos o que eles achavam que era o Brasil. E notei que muitos viajaram por aí, não tanto quanto a Ana Laura, mas o suficiente para descartar este lindo país como "rota de passeio". Acabei recebendo uma pergunta que me fez analisar ainda mais as pessoas ao meu redor. "Se você ganhasse as despesas pagas para viajar, qual país conheceria?" Eu respondi que gostaria de conhecer este mesmo.

Apresentação

O Brasil que a Ana Laura desbravou, o mesmo que muitos conhecem apenas como uma imagem representada pelo que ensinam nas escolas e com pouco toque emocional, era muito mais do que páginas de informações de textos didáticos. As histórias que pude conhecer por meio de sua escritora me fizeram perceber que há pessoas em suas cidades pequenas, cheias de orgulho de quem são, um povo que luta dia e noite e tem histórias para dividir que emocionam. Há passeios cheios de descobertas por causa da paisagem que são de tirar o fôlego, como os cânions, ou as dunas de areia com seus lagos.

Conforme fui trabalhando, ouvia cada palavra e imaginava o local que o livro apresenta, cada capítulo cheio de histórias intrigantes, que servem como quebra-cabeças do país chamado Brasil. Seria fácil para qualquer um fazer uma pesquisa fria e sem emoção sobre o lugar que deseja ir, mas isso não serve para formar uma imagem clara, pois apenas apresenta uma série de informações para a escolha da pessoa que busca tal coisa. Em determinado momento notei a gentileza que cada pessoa, ao cruzar o caminho de Ana Laura, demonstrava e era acolhida pela mesma. Era como ver uma corrente do bem, onde se dividia o amor por sua terra natal e a simplicidade da alegria.

Captei a mensagem, mesmo ela sendo envolta em histórias sobre os lugares, as pessoas que ela conheceu e admirou, o entusiasmo de cada cenário lindo que mostrava em cada palavra, em cada fotografia. Eu acabava sonhando acordada ao digitar o livro, tentando transportar minha mente para o lugar, o tempo e o momento em que tudo foi vivenciado por ela. Queria ser fiel ao sentimento transbordando das páginas e dos brasileiros, que se tornaram personagens eternizados em um livro capaz de nos fazer refletir sobre o que realmente é ser brasileiro. A cada dia fui conhecendo pessoas que jamais vi na rua ou em outros lugares. Eram pessoas que moravam em outras cidades e estados, mas todas tinham algo em comum: conhecer a escritora, abrir seus corações e lhes contar uma história ou, simplesmente, conhecer o lugar em que estavam, como se Ana Laura fosse os olhos de seus moradores.

Então, aprendi que o sertão pode ser rico, onde planaltos deslumbram e cachoeiras escondidas recebem turistas. Também descobri que o cacau foi um dos fatores históricos mais interessantes do Brasil, um dia equiparado ao ouro, em tempos antigos. Cada trilha que Ana Laura percorreu foi uma parte para se gravar. Cada detalhe contava algo: as frutas de cada região e seus doces quentes e gelados, pratos que poucos visitantes conheceriam, os animais rastejantes que ela presenciou, como as iguanas, que se acostumaram à presença humana e dividem o espaço com estas pessoas.

Serras altas ao lado de um vulcão extinto, cidades montadas dentro de cidades para a festa de São João. Lugares simples que, mesmo assim, cativavam mais do que vitrines de lojas caras. Mas a beleza natural não foi a única coisa que se percebeu. Isso era apenas um cenário para algo ainda mais belo: o povo que ali morava. Cada um que se apresentou no livro, contando sobre si, mostrou uma profundidade que jamais imaginaria.

Quantas pessoas passam pela rua e nem imaginamos que tipo de histórias elas teriam para contar? Foi assim que me senti ao ler cada palavra, me emocionando tanto que às vezes sorria como se pudesse ver o que acontecia. Em outras, queria chorar pela situação triste. Todas elas tocaram meu coração.

As fotos são incríveis, mas são principalmente as pessoas nelas que fizeram toda a diferença entre um guia turístico e uma experiência gratificante, cheia de emoção e muito humana. Existe bondade em todas as partes, é possível sentir este carinho que compartilharam conforme a viagem se seguia. Divertido, intrigante, assustador em alguns momentos, pacíficos em outros e marcantes. Sinto que esta oportunidade de conhecer todas essas pessoas e Ana Laura me fez acreditar que é um presente. Ainda existe um pedaço de Brasil em cada um de nós. Bastava apenas seguir o caminho pelas estradas, junto com todas as pessoas que por ali passam e se vai notar que todos podem dar as mãos e fazer algo ainda melhor.

É preciso amar nosso lar para poder chamá-lo de lar. Foi isso que aprendi acima de tudo, tendo contato com esta obra literária.

Apresentação

Hellidy Martis

Ponto de partida

Andarilha! Viageira! Viajante! Livre! Assim fui chamada nos caminhos por onde andei e, muitas vezes, as pessoas me perguntaram se eu estava em busca de algo. Respondia com uma frase do filósofo alemão Friedrich Nietzsche da qual gosto muito:

"Isso é um sonho, bem sei, mas quero continuar a sonhar."

Outras vezes, ouvia sobre ser muito perigoso. Eu respondia que o perigo inicia em nossa mente poluída pela mídia, pelas notícias repetitivas; existem, sim, lugares perigosos, mas o perigo é andarmos sem cuidado. É a distração que nos deixa vulneráveis, as escolhas por onde andamos, os horários, claro, tudo isso contribui.

Na minha visão, quem estava passando por esse processo de viajante precisava ter cuidado com as escolhas que fazia. Ao chegar a algum lugar, eu buscava informações por meio das secretarias de turismo e da cultura; em outros, onde não tinha esse serviço, falava com os recepcionistas das pousadas, dos *hostels*, dos hotéis, e eles me orientavam. Buscava também informações com alguns policiais sobre os lugares perigosos das cidades, mesmo porque eu andava de ônibus municipal para chegar aos bairros mais afastados e à periferia. Nada tão grave me aconteceu, mas algumas decisões rápidas

Apresentação

me causavam medo, aquele medo que dá um friozinho na barriga, porém possível de ser controlado.

Tomei chuva, andei sob o sol escaldante, embarquei em canoa furada, barco sujo. Dormi com baratas, enfrentei três dias comendo apenas lanchinhos de pão e queijo – no barzinho do navio, a opção era misto quente.

Tinha medo das baratas me visitarem na cama. Não tinha cobertas (minha alternativa foi colocar o saco de dormir em cima da cama e jogar a toalha de banho em cima dele). Passei frio, passei calor. Eu me perdi, peguei ônibus errado e ninguém viu!

Marcaram encontros e levei bolo, mas também dei bolo; participei de festas, vi a cantora italiana Mafalda Minozzi, na pequena cidade de Guararapes (SP). Isso aconteceu porque fiquei na casa da minha amiga de Araçatuba (SP) Cidinha Novaes, que tem uma prima, chamada Cristina, cujo pai faria 80 anos – ela convidou a cantora para vir ao país.

Fui a baladas, cinema, dormi em sítio, fiquei em ótimos hotéis, outros horríveis, mas também pousadas lindas e buscava meu centro todo o tempo para não me desesperar. Os desconfortos fizeram parte da viagem – creio até que o desconforto iniciou quando decidi fazer essa viagem. Famílias me convidaram para ficar em suas casas e eu fui, e durante alguns dias era como se estive em família, e minha percepção foi a de que família são aquelas pessoas que nos acolhem e demonstram seu amor, mesmo que não sejam parentes de sangue. Era muito bom... Fiquei em *hostel*, em quartos femininos. Isso era diferente. Você dorme com mais outras tantas pessoas e não tem privacidade, mas, por outro lado, fiz muitas amizades, passeava com as jovens que ficavam no mesmo quarto que eu e elas me adotavam, me davam dicas, me ajudavam. E, assim, fui ficando mais confiante e serena para realizar essa minha proposta, esse meu projeto.

Muitas vezes me perguntei: qual era a vida boa que eu queria levar? Aprendi sobre isso na pós-graduação em Coaching Ontológico e Neurobiológico. Questionamento difícil esse. O que é uma vida boa para mim? O que é uma vida boa para você?

Tudo isso me fez lembrar Nietzsche:

"Aprender a ver, habituar os olhos à calma, à paciência, ao deixar que as coisas se aproximem de nós: aprender a adiar o juízo, a rodear e a abarcar o caso particular de todos os lados. Este é o primeiro ensino preliminar para o espírito não reagir imediatamente a um estímulo, mas sim controlar os instintos que põem obstáculos, que isolam!"

Contexto

Missão cumprida com o melhor que pude oferecer à família e aos filhos. Estava cansada de ficar em casa lendo, vendo filmes, pensando no que fazer, onde trabalhar.

A inspiração veio quando me lembrei do quanto gosto de escrever, e que essa vida que eu estava vivendo não mais cabia em meu coração.

Não sou uma acadêmica da Academia Brasileira de Letras – e nem é minha pretensão –, só quero colocar no papel algo em que acredito, gosto e me dá prazer. Essa é minha meta para este livro.

Minha vida estava morninha, morninha...

E isso estava me incomodando muito.

Em um desses devaneios veio em minha memória um sonho muito antigo de conhecer o país de ascendência materna: Portugal.

Porém meus filhos me alertaram sobre minha inexperiência em viagens. Refleti sobre isso e achei melhor começar pelo meu país e no futuro, se der tudo certo, viajarei para o exterior levando meus conhecimentos adquiridos.

Temos um continente imenso que se perde num horizonte inalcançável. E aqui vai o que vi, vivenciei, conheci e me alegrou.

O que me fez chorar de emoção e deixou meu coração em estado de graça: exemplos de vida, histórias emocionantes, coisas triviais, curiosidades, conhecimento diversificado e eventos diversos.

Aqui vai o Brasil!

Apresentação

Os recursos

Com que recursos fiz esta viagem? Pesquisando gastos básicos com pousadas, *hostels*, hotéis baratos, alimentação e deslocamentos e colocando tudo isso numa planilha, para saber se caberia em meu bolso de aposentada e pensionista.

Ufa! Em cima. Talvez faltasse alguma coisa por mês. Desfiz-me da casa em que morava de aluguel, vendi meus móveis, encaixotei minhas coisas pessoais e as guardei na casa de uma amiga. Vendi meu carro. Havia juntado certo dinheiro ao longo de alguns anos. Isso me deu segurança e tranquilidade para viajar.

Organizei minha vida jurídica com ajuda do meu filho Rafael, procuração para ele cuidar do que fosse necessário no banco, conta corrente conjunta que pudesse facilitar a vida dos meus filhos caso alguma coisa acontecesse. Procuração para minha irmã Giselda decidir com meus irmãos Armando e Angela sobre a venda da casa dos nossos pais em Araçatuba.

Meus recursos eram limitados. Muitas vezes precisei me alimentar apenas duas vezes por dia. Tomava um bom café da manhã e depois era o "almojanta" umas quatro da tarde. Tinha sempre umas balinhas para tapear a fome da noite. Isso não me deixava nervosa, porque era uma decisão consciente, com o objetivo deste livro que você está lendo.

Por outro lado, vocês irão perceber o quanto fui acolhida por pessoas maravilhosas e que compensavam meu esforço. Em alguns lugares gastava menos porque a cidade era mais barata. Ah! Era muito bom, porque eu escolhia o melhor restaurante dessa localidade e ia fazer um carinho para mim, comida da boa, regada com cervejinha ou vinho e eu usufruía disso como se fosse o manjar dos deuses! Comia bem devagar, saboreando cada alimento como se estivesse degustando pela primeira vez.

Os recursos, portanto, eram usados de acordo com as localidades: em lugares turísticos muito caros, contenção total de despesas; em outros, mais em conta, me permitia mimos.

O pássaro

E assim como um pássaro que necessita voar para ser livre e cantar seu canto bonito que alegra a alma, tomei a decisão de fazer essa viagem por um ano e conhecer todos os estados do Brasil do Oiapoque ao Chuí (ops... descobri que não é do Oiapoque e, sim, de Roraima-Monte Caburaí ao Chuí).

Fiz meu roteiro inicial sem muito planejamento e fui por regiões, mas mudei muitas vezes para fugir de clima frio e excesso de chuvas.

Decidi iniciar pelo Norte do Brasil por ser mais distante e, também, mais caro devido aos deslocamentos, além da possibilidade de me cansar mais.

Chegar ao Oiapoque é uma grande aventura. O caminho é muito complicado pela pesquisa na *Internet* e como constatei. Nos últimos cento e cinquenta quilômetros o "busão" anda a vinte ou trinta quilômetros por hora. A gente chega lá banhado em terra. A mala tem que ser embalada em sacos pretos de lixo a certa altura da viagem. Umas três horas da manhã o ônibus para e permite a entrada de diversos jovens que, acredito, iam para seus trabalhos e escola – indígenas e pessoas rurais. Eles se sentavam no corredor do ônibus, que ficou lotado. Aquilo me partiu o coração. A expressão do olhar deles me causou dor. Eles deitavam praticamente uns sobre os outros para continuarem seu sono. Não tem como você achar ruim sobre o excesso de pessoas no ônibus, lá é assim que funciona! Nesse momento você libera outro tipo de endorfina, a compreensão e a solidariedade que também nos dão prazer. Não dá pra pensar no seu conforto nessas ocasiões.

Percebi que eu despertava curiosidade nas pessoas, por meio das perguntas que me faziam. Você tem filhos? Você já passou dificuldades financeiras na vida? Você já teve problemas familiares? Como era sua vida antes da viagem? Como você teve coragem de vender tudo e sair sozinha por aí? Sua vida já foi normal?

Serenamente, eu pensava em tudo isso que as pessoas me perguntavam e ressoavam em mim momentos de pura reflexão:

– Como seria a minha volta? O que era uma "vida normal"?

Apresentação

Lembro-me de uma frase que um professor meu disse e que fez toda a diferença em minha vida a partir dali:

— Quando você se sente encaixado ou encaixada onde estiver com o que estiver fazendo, você pode se considerar uma pessoa num estado de bem-estar, você pode sentir que é feliz!

Eu me encaixava todo o tempo onde quer que estivesse. Eu estava plena, aberta aos aprendizados, despida de orgulho, do desejo de que alguém soubesse o que eu fazia.

Tudo era o momento: o aqui e o agora.

Vivi cada instante de minha jornada com um grande amor por mim mesma. Pude me perceber, fiquei comigo, cresci emocional e espiritualmente.

Doei e ganhei conhecimento, troquei ideias, interagi com todos os tipos de seres humanos, como o garoto que vendia água para sua subsistência, o Victor, de oito anos de idade.

Com muita sabedoria e prática da sua localidade em Búzios, me comoveu e encheu meus olhos de lágrimas; como o senhor Moisés, dono de uma propriedade hoteleira lindíssima, um italiano com uma linda história de vida.

O senhor Remy, outro italiano, escritor de vários livros, de uma inteligência ímpar; a Wilma, mulher de fibra, corajosa, linda, mãe e empresária.

E dona Elza, uma líder quilombola que me acolheu com o abraço de mãe e me senti naquele momento protegida e amada por alguém que não conhecia.

Inúmeras pessoas me fizeram feliz nessa viagem.

Com tudo isso, sou testemunha de que apesar da exploração dos perigos existentes na vida, ainda há muito mais gente boa do que ruim, e eu sou grata a todos que me acolheram, que me ajudaram de alguma forma, que me deram colo, como dona Fátima, de Fortaleza.

A percepção sobre nosso lindo país

Diverso, adverso, diversificado no solo, na vegetação, na influência climática, na política social. Gente vivendo bem, gente vivendo mal, gente com posses e gente vivendo na seca e nos meses de abstinência de comida! Rivalidade entre cidades e estados – isso é comum – e o povo, muitas vezes, nem sabe o porquê. As pessoas têm muito em comum, como situações de vida semelhantes, mas também há algo de diferente em cada estado, região e, muitas vezes, no mesmo estado se percebem regionalidades tão diferentes que eu ficava surpresa. Os comportamentos se modificam em cada lugar e, em alguns, as expressões da linguagem causam impacto.

Uma curiosidade que me chamou atenção em Pernambuco, por exemplo, foi o quanto as pessoas falam alto. Foi surpreendente em alguns lugares como as pessoas, homens em especial, gritam ao conversar, e a sensação é de como se estivessem brigando; eu andava nas ruas de Caruaru e vinha um som incrível de pessoas falando e foi a partir daí que comecei a observar o tom alto das vozes.

Quando entrei em uma boa padaria para tomar um suco, era como se estivesse no ambiente da bolsa de valores ou da feira.

Andar por esse país é fazer uma viagem no tempo, visitar museus, conhecer as histórias das localidades, dos homens e das mulheres que fizeram algo diferente na época em que viviam. É possível perceber o paralelo do hoje e do ontem, pessoas que lutam para a preservação das memórias de suas localidades, dos autores que fizeram história. Emerge nessas andanças um congelamento de imagens, das passagens pelo tempo e podemos brincar com nossas percepções e pensamentos nesse universo entre o passado e o presente.

Um fenômeno interessante acontecia quando eu mudava de localidade: minha mente acompanhava o que estava acontecendo e, por essa razão, precisava escrever quase que de imediato, pois no próximo lugar apesar dos aprendizados e conhecimentos recentes, a memória era alterada para dar espaço e lugar aos acontecimentos do dia seguinte. É algo difícil de vivenciar devido ao que deixamos para trás, como pessoas que se tornaram meus amigos e querem manter esse contato, e pela alegria de termos vivido

Apresentação

momentos divertidos e às vezes profundos. As relações, apesar do curto período de tempo, consistentes.

Um fator de bem-estar que percebi quando as pessoas viajam é que elas não se preocupam em saber quem você é no sentido do que faz, mas querem se relacionar, conversar, trocar ideias sobre o que estão vendo, se divertir. Isso é algo surpreendente, porque você é notado como um ser viajante, sua profissão não exerce influência nesse momento, mas sua interação sim. Então entendi que estava escrevendo sobre minha jornada e histórias **de gente, para gente e com gente!** Minha alma se alegrou!

Conto essa jornada e como encontrei as histórias maravilhosas contidas neste livro.

E elas se iniciam!

Desenho presenteado por Hellidy Martins (Bertioga/SP). Retrata a diversidade cultural dos personagens.

Norte

Pará, Amapá, Amazonas, Roraima,
Acre, Rondônia e Tocantins

Maramará pequenas sementes
Samatê grandes sementes
Tingidas com jenipapo
Com mais duas sementes de angelim

Amuw proteção contra mau olhado
Atrai amizade boa e amor
No Museu Kauahi - Oiapoque AP
Em seus saberes documentados!

Na região Norte do nosso país, desde o clima até o relevo, incluindo a hidrografia e a vegetação, percebi uma sinergia intensa da natureza e pude constatar que essa é a região menos povoada do Brasil. Como os estados são extensos, a distância entre eles é imensa, encarecendo viajar para o Norte. Outra característica interessante é seu clima peculiar. A região, cortada pela Linha do Equador, tem a temperatura muito alta e o clima muito úmido. O povo me disse que há épocas em que a temperatura cai e para eles é o período de frio (mês das chuvas ou o inverno amazônico), mas com temperaturas acima de 22 graus. É considerada uma região úmida. O clima, por consequência, é úmido e de temperatura elevada. O que predomina como relevo é a nossa Planície Amazônica, o Planalto das Guianas e o Planalto Central (que alcança também a região Centro-Oeste). Quando visitei várias partes da Amazônia, descritas abaixo na jornada e nas histórias, notei que as árvores são muito altas, mais que centenárias, mais que uma floresta, o pulsar desse grande coração denso, imponente, frondoso que deslumbrei na Amazônia, a maior Floresta Equatorial do mundo – e isso está registrado nos museus, como no Museu da Amazônia (MUSA), em Manaus, lugar de muita biodiversidade.

Na Amazônia, encontramos também o maior rio do mundo, o Rio Amazonas, e viajei vários dias por ele (contarei detalhes ao longo do livro). A Bacia Amazônica é extensa e pude vivenciar durante a viagem tudo o que normalmente aprendemos na escola.

As religiões convivem entre si em harmonia, cada uma seguindo suas tradições e, em muitos momentos, todas se juntam, compartilhando festas religiosas, folclóricas e culturais – outra questão contada em algumas histórias. Como estou agora no Pará, é importante dizer que lá se produzem o ano inteiro suas deliciosas castanhas, o açaí, a mandioca, o dendê famoso na culinária do Norte e do Nordeste, aumentando substancialmente nos meses de maior precipitação. Ainda que a floresta seja a vegetação principal, a região possui também mangues, campos e cerrados. Belém é um lugar de frutas exóticas e sucos deliciosos em seu mercado Ver o Peso.

Logo que cheguei a Belém, fiquei deslocada: fui direto para um *hostel* pela primeira vez na vida. Estava acuada, tímida, sem saber como me conduzir juntamente com outras pessoas. Fiquei sem iniciativa, fiquei com medo de sair pelas ruas da cidade por estar em um bairro em que necessitava de ônibus para fazer os passeios. Todos comentavam que tínhamos de ter muito cuidado, pois era perigoso e não podíamos andar sem esses cuidados. O que fazer então? Passei a manhã no quarto do *hostel* e, logo após o almoço, entrou uma jovem e começou a conversar comigo; rolaram vários papos, até que chegou outra jovem que me perguntou se eu havia conhecido algum lugar. Disse-lhe que não e ela me convidou para sair. Fiquei muito feliz!

Já estivera várias vezes em Belém a trabalho, mas era sempre com pessoas conhecidas ao meu redor, despesas pagas, tudo muito seguro e estável.

Sozinha, por minha conta, tive que escolher onde ficar: lugar barato, sem táxi, sozinha e sem a sensação de proteção.

Uau! Muito estranho para quem nunca havia viajado sozinha. No entanto, logo de início, a Ada Cordeiro e seu namorado, um francês educadíssimo que chegou no outro dia, me adotaram.

Fui relaxando aos poucos e aproveitei o que pude com a Ada, que ficou minha amiga e, quando estive em Brasília, fiquei na casa dela. E ela está em uma das histórias lindas contidas neste livro. Viveu uma experiência única com sua *bike*.

A Ada foi embora e eu comecei a me "mexer" melhor. Fui a um vilarejo chamado Bonito, no Pará, e conheci um senhor com uma história muito interessante. Conversamos por algum tempo e o senhor Alex concordou em gravar sua história para eu transcrever no livro, como segue abaixo na íntegra, com sua fala simples e sábia, sem arranjos, sem consertos ou correções.

1 – Ao todo 42 filho!
Alex José da Silva
Bonito-PA

*"Porque eu acho que a gente tem
que conhecer a si próprio"*

Alex José da Silva, nascido em Anápolis, Goiás, em 17 de maio de 1941. Quando a foto foi tirada estava com 75 anos.

Eu deixei a família e vim para Arapiun.

Era uma retífica e torneadora chamada Mendonça, de Belém, também tava tentando montá uma fazenda em Arauari em Mojú -PA. Eu quem desmatava e plantava o arroz, pra depois plantá o capim. Eu já tava com onze anos que trabalhava lá. E aí conheci o dono de uma fazenda e ele pediu pra mim se eu não queria vim pra cá, que a gente vendia arroz era pra ele, e eu vim e assim fizemo o contrato.

Esses ano que eu trabalho aqui foi até 1999 e que o senhor meu patrão morreu, eles começaram a querer plantar o dendê, e aí de gado a gente passou pro dendê e eu me entrosei nisso aí e fiquei até hoje trabalhando com eles, tenho um respeito muito grande por eles, criei meus filho aqui, que são três comigo. **Mas, ao todo é 42 filho!** Foi várias mulher, tenho 18 homem e 24 mulher de filho. Três família são dezoito, depois o resto era nas viage. Hoje não tenho nenhuma mulher. Então, como eu disse pra senhora, hoje eu vivo só, porque a mulher adquiriu um direito muito grande e eu sou muito antigo, e hoje a senhora não arruma uma mulher pra vivê no meu sistema. A mulher quer trabalhar fora, ela quer ser independente, e eu não quero uma mulher assim. É muito triste ficar sozinho, mas eu quero uma mulher pra ficá em casa. Eu assumi uma nova, mas ela queria fazer a faculdade, e eu paguei a faculdade pra ela, só que a senhora vê, quando eu chegava do serviço ela tava no computador, e aí não tinha tempo da gente conversá ou da gente recebê. Sentava na mesa pra comê, comia sozinho porque ela punha comida na mesa e ficava ali. Um dia eu fiquei muito nervoso com aquilo, fui e falei pra ela que daquele jeito num dava, ela também muito geniosa, mas, com tudo isso a gente tem uma amizade muito grande, a gente tem uma filha.

Eu queria ser um hôme tranquilo, eu sou muito nervoso. Eu já fiz muita besteira na vida. Eu não sei escutar, uma palavra me ofende, fico muito nervoso. É por isso também que hoje eu moro só. Eu nunca fui na casa de um vizinho. Eu gosto do trabalho ir pra minha casa. Eu num vou nem na casa dos meus filho, é muito difícil, gosto da minha casa. Acho que é por isso que eu tô vivendo uma vida que eu gosto, eu ouço a música que eu gosto. Não vejo muito a televisão, eu sou muito católico, vou na igreja, mas aqui não, só em Goiás, mas, tenho uma fé muito grande em Deus. Eu tenho mesmo é esse defeito de ser nervoso, aprendi depois de velho, esconder um pouco esse nervoso, porque eu acho que **a gente tem que conhecer a si próprio**, e então eu escolho até os lugar por onde passo. Se eu sei que posso ser ofendido, mudo o caminho. Eu não sinto bem ver os outros criticar alguém, eu acho que isso não é o papel do ser humano, cada um tem o direito de viver da maneira que quer.

Eu tenho um filho surdo e mudo casado. A mulher dele ficava falando que tinha um homem que mexia com ela, e esse homem ficava falando na cidade isso, ele era um desordeiro na cidade e eu fui lá e matei ele.

Eu fiquei preso 12 dia, o pessoal mesmo me ajudou, eu esperei o julgamento trabalhando, e eu fui absolvido. Eu tava sentindo porque ele fazia as coisa e saía falando e meu filho era surdo mudo e o homem quando bebia falava essas coisa. Eu corri atrás dele algumas vezes. Conversei com ele e não adiantava. E eu pensava: "Meu Deus, meu filho tem pai pra defender ele, e aí eu queimei ele".

E o que eu senti? E eu senti alívio!

Ao terminar de contar sua história o senhor Alex tinha os olhos marejados de lágrimas. Fiquei um tempo em silêncio e me senti agradecida pela confiança. Nos abraçamos e nos despedimos e eu retornei para Belém no final da tarde.

Fiquei em Belém apenas três dias e parti para o Amapá, em direção a Macapá. Dois dias e meio de navio (são aquelas balsas imensas, cargueiras, com espaço para as pessoas armarem suas redes e dormirem). Comprei minha rede. Cheguei a pedir para alguns jovens que estavam na balsa armarem a minha. Logo percebi que não daria certo e fui imediatamente falar com o pessoal da venda de passagens. Descobri que eles tinham umas "cabines suítes". Nossa! Fiquei tranquila na hora. Custa caro, principalmente para uma pessoa, mas eu tinha além da mala de roupas, meu material de trabalho, laptop, câmera fotográfica e outros acessórios de viagem que, na rede, eu não teria quem me ajudasse a cuidar. Comprei a tal cabine e fui levada até ela pela Nilde, a pessoa fantástica que conheci nesse lugar.

A balsa era assim: café da manhã com Nilde; almoço, Nilde; jantar, Nilde; enfermeira, Nilde. Minha nossa ela fazia de tudo. Assim que entrei na cabine, me deparei com uma indesejável e imensa barata. Fiquei toda arrepiada. Como conseguiria dormir nesse lugar? Fui pedir para um senhor que coordenava as entradas das pessoas algo que pudesse matá-la. Falei com muita discrição sobre ter barata em minha cabine para que ninguém ouvisse e ele gargalhou e se divertiu comigo. Fiquei olhando para ele aguardando uma resposta. Ele abriu o armário atrás de si e me entregou o matador de baratas, dizendo-me que aquilo exterminava todas. Eu me dirigi até a "cabine suíte" e despejei o produto quase todo naquele pequeno espaço. E agora? Não conseguia entrar. Abri a porta e fiquei umas seis horas de plantão, esperando sair o cheiro forte do veneno. Liguei o ar condicionado no mais forte possível e entrei. O banheiro era muito simples e pequeno, e eu tomava banho rapidamente e saía dali. Lembrando que havia comprado dezenas de protetores de vaso sanitário como item indispensável ao longo desse ano de viagem para utilizar em todos os momentos necessários.

Fiz muitas amizades, conversei com pessoas da região do Macapá: aonde ir, o que visitar, o que tinha de interessante nessa capital. Estava muito curiosa e ansiosa para chegar e saber como era esse lugar tão distante de onde eu morava. Na balsa, a partir das nove da noite, a música rolava alta, e os passageiros dançavam e bebiam até ficarem muito alegres enquanto eu me recolhia mais cedo.

A paisagem era algo indescritível. Ficávamos todos sempre olhando tudo e víamos os ribeirinhos que nos solicitavam coisas. Um pequeno barco se aproximava do navio com três crianças, sendo uma de colo e uma mulher que supúnhamos ser a mãe. Eles faziam sinal com as mãos como se estivessem nos chamando e eu não entendia o que estava acontecendo, até que perguntei à pessoa ao meu lado. Ela me disse que pediam alimentos, roupas, utensílios e tudo o mais que as pessoas pudessem jogar para eles. Rapidamente, peguei em minha mala umas peças de roupa e joguei para eles dentro de uma sacolinha plástica que pegaram com a vara de pescar. Agradeciam acenando com as duas mãos.

Observei por algum tempo com o olhar fixo no barquinho, sentindo uma emoção que não consigo expressar. Algo diferente, com um profundo sentimento de humanismo. Estava preenchida de compaixão e amor. Fiquei intrigada com aquilo e comovida ao ver a alegria das mulheres e crianças em seus pequenos barcos, felizes ao pescarem o que estava sendo ofertado.

Chegamos ao término da viagem. O casal de quem aluguei o *flat* por três dias estava me esperando no porto e deu tudo certo. Eram Elizabeth e seu marido, José Sebastião, que "torraram no sol escaldante do porto" um bom tempo, pois a balsa atrasou.

Eu fiquei ansiosa com o término dessa viagem e preocupada com a descida da balsa. Estava com a mala e a mochila e as escadas eram estreitas. Perguntei à Nilde como fazer. Ela gentilmente chamou o carregador que ela já conhecia e pediu para descer minhas coisas. Minha nossa, e agora? Ele descia muito rápido e eu estava na última fila. Meu coração acelerou, mas fui monitorando com o olhar até onde ele estava para encontrá-lo. Ufa! Finalmente encontrei meus anfitriões que reconheci pela foto do WhatsApp. Lá estavam Elizabeth e Tião. Entramos na caminhonete deles e ela resolveu não pegar.

Arruma daqui, arruma dali e Tião conseguiu fazer funcionar a bendita após um período de sufoco. Fomos bem devagar: não passava dos 20 km/h. Achei até divertido isso e pude olhar melhor a cidade. Foi o único passeio de carro que fiz, porque a partir daí só entrei em ônibus ou me arranjei a pé. Chegamos ao local onde eu ficaria no *flat*: um apartamento pequeno, simples e, no entanto, limpinho e aconchegante. Fiquei lá cinco dias para conhecer Macapá.

A cidade de Macapá é chamada de "os regatões da Amazônia, cercado pelo Pará, Guiana Francesa, Oceano Atlântico, Rio Amazonas, Suriname". A gente viaja no tempo no Museu Sacaca, em Macapá, uma instituição cultural e científica à qual Raimundo dos Santos Souza, macapaense, dedicou sua vida, em especial ao conhecimento das plantas curativas. Ficou famoso por suas ervas e garrafadas, e a população o procurava para a cura de suas doenças.

Fui conhecer uma pequena cidade chamada Porto Grande, no Amapá. Foi a Nilde quem pediu para eu ir lá (lembram-se dela?). Como eu e a Nilde ficamos amigas, ela me pediu para ir conhecer sua mãe, dona Mocinha, uma mulher ímpar, diferente, dona de uma alegria contagiante.

Lembro-me que, durante a viagem no navio, nós conversávamos muito, eu, ela e seu marido. Contei a eles sobre a ideia do livro e, por esse motivo, ela comentou sobre a história de sua mãe.

A viagem de Macapá a Porto Grande, onde a dona Mocinha mora, foi surpreendente. Uma jardineira bem das antigas, suja. Ar-condicionado? Nem pensar.

Ao chegar à minha localidade, Porto Grande, o combinado era de que Fernanda, irmã da Nilde, me pegaria na rodoviária – uma padaria e mercado – na rua sem asfalto, na simplicidade da pequena cidade do interior. Não havia ninguém. Fiquei uns dez minutos aguardando e notei que, se não desse certo, eu não teria para onde ir. Sem hotel, sem pousada, sem *hostel*.

Um taxista saiu da padaria e me perguntou se eu estava perdida. Disse a ele que estava aguardando uma família que viria me buscar. Ele perguntou se eu gostaria de ligar. Respondi que sim, mas meu celular não tinha conexão lá. Ele me emprestou seu celular e eu liguei.

A Fernanda não estava sabendo que eu iria naquele dia porque a Nilde se esqueceu de avisá-la e dona Mocinha havia viajado. E agora?

Fernanda e o Zinho, seu marido, vieram me pegar, juntamente com o Vitor, a Ana Flávia e o Greg, ainda bebê de colo – todos seus filhos. Fui para a casa deles até dona Mocinha retornar de sua viagem.

Foi uma experiência incrível e deliciosa. As crianças ficaram muito agarradas a mim. A gente se divertia com as coisas da casa, como lavar a varanda e escorregar na água com sabão. Veio em minha memória a infância feliz que tive e de como também fazia isso com meus filhos. Comprei um minijogo de pebolim e presenteei as crianças, que ficaram felizes. Brincávamos todos os dias um pouco.

Nessa família alguns acontecimentos foram inéditos para mim, como comer açaí puro da região no almoço (faz parte da mesa do macapaense), dirigir o carro automático do Zinho para buscar as crianças na escola pois ele estava doente e Fernanda me pediu para cumprir essa tarefa. Esse caso foi de certa forma engraçado, porque tive dificuldades para utilizar o automático, já que eu não tinha essa experiência. Após alguns minutos tentando descobrir seu funcionamento, com várias tentativas falhas, finalmente consigo colocar o carro andando, para o alívio do tio da Fernanda, que estava comigo no carro.

Outro dia esse mesmo tio me levou para conhecer um lugar muito bonito no Rio Araguaia, que fica dentro da pequena cidade, onde estava sendo construído um calçadão para caminhadas e passeios com as crianças. Porto Grande é também a terra das saborosas melancias e dos abacaxis-pérola que eu me deliciava todos os dias.

O Zinho é militar e pediu que eu fosse ao quartel dar uma palavra para os soldados, porque seria o Dia do Soldado. Fiquei bem preocupada com o que falaria, mas a inspiração chega de mansinho quando estamos abertos a algo novo. O comandante em algum momento da sua fala disse aos soldados algo sobre "o sentir", e eu aproveitei dessa palavra como tema para explanar minhas ideias sobre a importância do soldado como o homem que ele é: pai, marido, irmão, amigo e filho. Enfim, que sua profissão é parte dele, mas não é tudo que o representa.

Logo a seguir falou o comandante do pelotão que fez um discurso muito bonito, e eu pedi a ele se poderia colocar em meu livro. Ele assentiu, e seu discurso segue com algumas adaptações por conta do espaço, mas com sua essência preservada.

2 – O Quartel
Sargento Rosinaldo Tavares de Araújo (Zinho)
Porto Grande-AP

> *"Sabemos que apesar de ser uma escala de serviço, todos temos família e afazeres além da caserna."* Clébson Maciel de Castro - CAP QOPMC

Gostaria de agradecer a presença de todos. Sabemos que apesar de ser uma escala de serviço, **todos temos família e afazeres além da caserna.** Ainda assim, observamos o empenho e entusiasmo dos senhores em prestigiar esse momento que foi organizado com muito carinho para brindar o Dia do Soldado e reconhecer os que se destacaram no nosso serviço ordinário.

Venha sonhar comigo

Clébson Maciel de Castro, 37 anos, é oficial da PMAP (Polícia Militar do Estado do Amapá), posto de Capitão do quadro de oficiais combatentes. Graduado em Defesa Social e Segurança Pública pela UEPA (Universidade estadual do Pará), cujo CFO (Curso de Formação de Oficiais) realizou no IESP (Instituto de Ensino de Segurança Pública do Pará). Bacharel em Direito pela UNIFAP (Universidade Federal do Amapá) e pós-graduado em Segurança Pública pela UNILINS. Aspirante 2008 passou pelo 1º BPM, Diretoria de Inteligência, Estado Maior Geral (Ajudante de Ordens), Gabinete de Segurança do Ministério Público, foi Chefe da DIOP (Divisão de Inteligência e Operações) do BRPM (Batalhão de Radiopatrulhamento Motorizado), Comandante em exercício do BPRE (Batalhão de Policiamento Rodoviário Estadual), Sub cmt do BPTRAN (Batalhão de Trânsito Estadual), Sub cmt do 7º BPM e atualmente foi nomeado comandante efetivo deste BPM.

Ainda que possamos falar horas e horas sobre o tema deste dia, podemos resumir a importância dos nossos soldados assim: somos acionados para dar um susto no filho rebelde ou no marido bebum (só queria que vocês dessem um susto nele!), para falar sobre partilha de bens e guarda de filhos; para fazer parto; orientar alunos nas escolas; vigiar as escolas e hospitais também; socorrer o padre ou o pastor que teve a igreja violada; atender outras fraudes (o cidadão comeu e não pagou o restaurante); assaltos com reféns; cortejo fúnebre; recolher a preguiça e o macaquinho que foram encontrados no centro da cidade; prender o homicida e acalantar os familiares (e não se deixar levar pela emoção, mantendo a rigidez da face mesmo quando a lágrima irriga as pálpebras). Isso tudo é apenas exemplo do que fazemos (e escutamos não raras vezes "vivem 'mimindo' no quartel ou "parecem um bando de fresco" pra cima e pra baixo na viatura, abordando pessoas de bicicleta... etc.)". Porém, sociedade, não vamos esmorecer com essa falta de reconhecimento! Uma vez o jogador Marcelinho Carioca ao responder a indagação de um repórter sobre a pressão da torcida, foi sábio em responder "a torcida cobra de quem pode resolver!". É exatamente isso que ocorre com nossa Polícia Militar, materializada nas ações diárias de vocês, nossos valorosos soldados, cobrança e mais cobrança, pois a população busca quem sempre lhes socorre 24 horas por dia. Por esse desempenho no atendimento que viemos aqui hoje, agraciar os militares que se destacaram na atividade policial. Parabéns a todos mais uma vez.

Outras personalidades falaram e, após as comemorações e certificados de reconhecimento, tivemos um almoço delicioso.

No dia seguinte, chegou dona Mocinha. O Zinho me levou até o sítio onde ela mora com o senhor Isac, seu marido. Abraçamo-nos e, para mim, foi simpatia na hora. O sítio possui natureza exuberante, coqueiros, frutas exóticas, galinhas, patos, cachorro. A casa é grande e bem arrumada. Na simplicidade de dona Mocinha e senhor Isac, há sabedorias que representam o que é inocente e puro. Um modo de vida que não se complica. O que é necessário para a felicidade de todos da família. Dona Mocinha vai e descomplica com sua alegria contagiante e felicidade absoluta, aquela que não depende de nenhum fator externo para ser feliz. Ri de si mesma, brinca com as pessoas, toma sua cervejinha. Atrai a família aos domingos para o almoço: cada um traz algo da sua casa e compartilha alegremente o momento em família.

A transcrição está feita sem nenhuma intervenção da minha parte, como é dona Mocinha em sua simplicidade e sabedoria.

3 – Mocinha
Maria Pereira Picanço Pacheco
Porto Grande-AP

"A vela do meu altar não apaga"

Meu nome é Maria Pereira Picanço Pacheco, tenho 65 anos, nasci dia 04 de junho de 1951.

Nasci na ilha de Santana (AP). Era uma aldeia onde meus avós foi criado, e minha avó era portuguesa, mas isso foi há muitos ano atrás, né? Eu não conheci nem meu avô nem minha avó. Quando eu nasci, ele já tinha ido. De uma família muito pobre, e minha mãe teve quinze filho e o marido dela deixou ela quando tava grávida de mim, e ela criou sozinha os quinze, que são oito mulher e sete homem. Era uma família muito pobre, tinha muito trabalho pra tudo. A gente fazia farinha.

Eu com 14 ano já tive uma filha. E eu era linda, maravilhosa – era muito nova sem experiência da vida –, mas a minha mãe, mesmo com toda ruindade – eu apanhei igual nem sei o quê – venci a minha vida e ela ajudou a criar a minha filha. Aí, com 21 anos me casei e achei muito maravilhoso. Ele era um pouco sem vergonha, né? Mas cheguemos aqui né, tamu vivendo quarenta e quatro ano junto. Temo mais dois filhos adotivo, o Isac criou os filho com o maior amor e carinho. Era como filho dele. Eu não tenho filho com ele, e ele criou nossos filho com muito respeito, e eu acho que eles gostam mais do pai do que de mim. Eu tive um medo muito grande, o meu maior medo, foi quando a minha mãe morreu – eu tava com uns 44 ano mais ou menos e eu nunca tinha me separado dela. Essa foi a primeira vez que eu me separei da minha mãe. Foi muito duro, peguei uma depressão que eu vivia quase sem comer e só dormia, querendo me suicidar.

Hoje eu posso dizer que sou feliz, tenho a Nilde Picanço, minha filha, e mais dois filho adotivo: a Fernanda, que veio pra mim com quarenta dia, e o Benedito, que veio com um ano. Depois que eu tive a Nilde, eu não pude mais ter filho, eu tive um problema e com trinta ano tirei tudo. Aí não pude mais ter filho e peguei as duas criança pra criar.

E eu tô aqui. Sou alegre, sastifeita, eu gosto de vivê, e eu faço artesanato. Adoro fazer artesanato, faço crochê e trabalho com costura também. Faço capa pra sofá, faço lençol de cama, capa pra bebedouro, faço um monte de coisa. Tapete também, joguinho de banheiro. Eu vendo por aqui mesmo. Eu saio vendendo. Hoje, já tenho muitas pessoa que eu conheço, porque quando cheguei aqui, logo eu saía pra vendê. Hoje basta eu ligar pra elas e falar: "olha, eu tenho isso ou aquilo" e elas logo fala: "pode trazer". O meu dinheiro entra no orçamento da casa. Agora, eu sou vaidosa, quem tem que me sustentar é meu marido, não sou eu que tenho de sustentar ele. Mas eu dou uma parte. Agora, a outra parte, eu gosto de um bom perfume, gosto do meu creme, gosto de mandar fazer meu cabelo, eu sou muito vaidosa, gosto de roupa bacana, eu sou velha. Bem, velha não, velha é o outro *(risos)*.

Eu tenho esse nome Mocinha, nem sei por que. Acho que quando nasci minha mãe começou a me chamar de Mocinha, e aí ficou. Ninguém conhece meu nome.

Eu tenho muita fé, e Deus pra mim é tudo, é o que respiro, é o que eu vivo, é o que eu como. E minha protetora é Nossa Senhora de Santa Anna (é a nossa avó). Mas tenho aqui na minha casa Nossa Senhora de Nazaré (uma santa milagrosa, eu já fiz uma promessa pra ela e eu já fui bem atendida; ela é a santa de Belém, e eu vejo dizer que ela é a santa dos pescador), Santa Rita de Cássia (a santa dos humilde). **A vela do meu altar não apaga, ela fica acessa dia e noite.**

Uma coisa que eu adoro é tomar minha cerveja! Adooooooro tomar minha cerveja! Desde mocinha eu gosto de tomar a cervejinha. Antes eu fumava muito, mas eu parei, e quando tomo a cerveja *(muitos risos)*, não chego a ficar ruim. Quando eu vejo que o negócio quer pegar, eu vou deitar na minha rede. Aí passa.

Meu pai faleceu dois anos depois de minha mãe. Mas eu não senti tanto, porque não fui criada por ele

Minha mãe sempre esteve comigo. Aqui no sítio ela não veio porque já tinha ido embora, mas não gosto muito de falar dela que sinto aperto no coração (chora). Eu tive uma irmã que morreu também e o marido dela deixou ela por outra. Ela trocou a casa pelo carro, foi ficando doida. Ela não se conformou. E agora ficou eu e meus irmão homem. São três homem e eu. Os outro todos morreram.

Aquelas pessoa que lerem seu livro é pra ler com carinho porque eu sei que vai ter muitas história muito linda no seu livro. A vida da gente é um passado, por isso tem que ser feliz, viver aquele dia, aquela hora, aquele minuto, um segundo você tem que viver, qualquer minuto você tem que viver com muito amor e carinho. Dar muito carinho e muito respeito pros outros. As pessoa que não são feliz não vévem muito.

Quando eu penso no meu país, penso em viajar. Eu tenho dois lugar que eu queria conhecer: é na Bahia e ver a praia do Rio de Janeiro. Me falaram tanto que eu queria conhecer. Mas o meu Amapá eu não deixaria por nada nesse mundo, é minha terra que eu amo, tenho meus filho maravilhoso, meu marido, o meu sítio que eu amo.

Encerramos emocionadas a nossa conversa.

No outro dia, fui embora para o Oiapoque, com a sensação de aperto no coração em deixar minha nova família para trás.

Na rodoviária, um senhor se ofereceu para ensacar minha mala com sacos pretos de lixo. Eu agradeci e lhe disse que não precisava.

Ele me respondeu:

– Sim, senhora! Precisa e muito, vamos proteger sua mala.

Assim, permiti que ele fizesse e paguei dois reais. Foi minha sorte, pois chegamos à pura terra (nós e as malas). O horário de chegada ao Oiapoque é às três horas da manhã. Uma viagem difícil. Os últimos 150 quilômetros são um grande desafio devido aos bancos de areia e aos buracos enormes na estrada.

Levamos umas três ou quatro horas nesse trecho. Estava finalizando a temporada das chuvas na localidade e eu rezei para que não chovesse forte, porque o ônibus encalharia e não teria como a gente descer devido aos riscos da mata.

Ao chegarmos à pequena rodoviária, vemos que é muito bonita e limpinha. Peguei o táxi e pedi para ir ao endereço da pousada já reservada e que ficava na mata à beira do rio.

Ao entrar na estrada de terra da pousada, tudo muito mais escuro e fechado pela mata, o medo do desconhecido tomou conta de mim e me senti sufocada. O taxista buzinou, chamamos e nada. Ficamos ali uns cinco minutos mais ou menos. Meu coração acelerou e eu pensei:

– Será que vou passar sufoco nesse lugar tão distante de casa?

Nisso, o taxista me perguntou se eu gostaria de ir para outro lugar e que ele me ajudaria a encontrar um bom hotel no centro. Respirei aliviada, porém ainda preocupada. Disse a ele que sim e perguntei quantos hotéis teriam mais ou menos na cidade. Ele me respondeu que apenas um!

O recepcionista me informou que não havia mais apartamentos, apenas uma suíte grande e mais cara, na qual fiquei. Para minha boa sorte no outro dia vagou um quarto simples.

E ao falar do Oiapoque me lembrei da famosa frase *"do Oiapoque ao Chuí"*, extremo norte do Brasil habitado. Em seus limites encontram-se a

Guiana Francesa, Calçoene, Serra do Navio e Pedra Branca do Amapari. Surpreendente esse lugar. A gente depara com uma simplicidade na pequena cidade do Oiapoque, com um calor insuportável e, para quem não está acostumado, a sensação térmica muito elevada (da uma às quatro da tarde eu procurava ficar no hotel escrevendo no ar condicionado, pois me sentia mal na rua).

Ao visitar o museu da cidade – Kuahí – me encantei com a cultura nativa e cheia de sabedoria. Li e copiei um texto fantástico no museu que dizia assim:

> *"A roça sempre está presente nas nossas conversas na comunidade. Nos mutirões, a gente se reúne e fala sobre a roça, principalmente quando é para a venda. Tem todo um planejamento. A roça representa a união da comunidade em todos os sentidos. Para derrubar, queimar, fazer a farinha, são formados grupos. Por meio dessa união surgem assuntos, mitos, histórias.* **A comunidade vai se atualizando internamente.**"

No Oiapoque, há um marco inicial do Brasil, o museu Kuahí, a Igreja Nossa Senhora das Graças, as corredeiras do Marripá e a nova ponte binacional.

Nesse mesmo dia, logo após o almoço, conheci a Lilma, proprietária dos *Chalets Paradis*.

Uma pessoa fantástica, cheia de energia, que me contou sua linda história de luta para conquistar seu empreendimento.

Hoje, Lilma alcançou grande sucesso e atende, em especial, no seu espaço rico em fauna, flora, os seus clientes franceses.

A Nelma, consultora do Sebrae de Macapá (AP), estava no mesmo hotel que eu. Logo tivemos empatia e ficamos amigas. No outro dia, no café da manhã,

Nelma me convidou para conhecer a pousada da Lilma, onde fazia a consultoria. E foi assim que cheguei até essa pousada.

4 – Chalets Paradis
Lilma Sebastiana da Silva Campos
Oiapoque-AP

"Não abaixe fácil a cabeça"

Há seis anos, eu comprei esse terreno aqui, a Nelma Regina Setúbal Queiroz do Sebrae do Macapá (AP), que trouxe você aqui, já conheceu tudo pronto, com a estrutura bem feita.

Há 15 anos eu tinha o sonho de ser dona de um hotel,

só que essa realização eu achava que ia ser dona de uns kitnets aqui no Oiapoque, por que aqui o fluxo de demanda de kitnets é muito grande. Então como eu já tinha o terreno na época no Oiapoque eu disse: "vou chegar lá!" Aí o meu compadre que mora na França, padrinho do meu filho, disse: "Lilma, eu não vejo você com esse lado de ter kitnets, você quer uma coisa diferente, então vai atrás do que realmente você quer, não fica com coisa pouca, por causa que isso não é pra você". Ele acreditou na minha pessoa e confiou em mim. Então daí partiu tudo isso comigo. Foi uma luta muito grande quando eu comprei. A verdade, quando eu inaugurei dia 31 de agosto de 2012, a chácara não tinha nenhum prato e nenhum talher. Eu saí emprestando dos outros, alugando as vasilha dos outros, pra mim poder ter justamente para a inauguração. Foi um sucesso no dia da inauguração, deu mais de quinhentas pessoas dentro da nossa chácara, e isso foi muito legal. Nós temos cinco chalés. Eu construí o restaurante.

Nasci aqui no Oiapoque, sou uma ribeirinha, mas fui criada no lado estrangeiro, a minha infância toda foi pra lá, meus estudo, eu vim pra cá já tinha mais de trinta e cinco ano.

Aí depois foi só sucesso, porque eu conheci pessoas, as minhas coisas começaram a dar certo, o povo começou a vir, eu comecei a me aperfeiçoar, eu participei de muitos cursos do Sebrae, que me ajudou muito, inclusive eu ganhei um prêmio esse ano da empreendedora que mais faz curso no Sebrae, sou eu, no município do Oiapoque e ganhei um certificado. Em 2014 ganhei um certificado também da mulher de negócio, eu fiquei em terceiro lugar no estado do Amapá, e a nossa vida mudou, ah eu trabalhava muito aqui. Eu que fazia a faxina, eu que limpava o salão, eu que lavava a louça, eu que fazia as coisas sozinhas aqui no salão. Hoje eu tenho sete funcionários. Eu sempre tenho uma frase: **Eu sou uma**

mulher que não abaixa fácil a cabeça! Não abaixe fácil a cabeça, quando você tem um objetivo vai em frente, não deixe se levar com a fraqueza, porque não existe fraqueza. A cabeça da gente que quer colocar isso, mas não existe. Eu tiro por mim. Eu sou uma menina muito pobre, vim de um lugar muito humilde, eu não tinha quase nada, mas eu consegui, cheguei aonde eu tô!

Hoje eu tô numa vida mais estável, tá chegando aí o quarto ano, estamos bem, e pra você conseguir uma vaga aqui hoje, tem que esperar três meses. Final de semana, sexta, sábado e domingo é lotado. Oitenta por cento dos meus clientes é francês. Eu sirvo café da manhã, o almoço e a jantar, quando tem cliente à noite.

Aqui tem quatro mil hectares, a gente recolhe todas as frutas de época, fazemos a polpa, tudo isso vem pro restaurante. Fazemos as geleias, tem muitas frutas na mesa, muitas mesmo, tudo daqui.

Hoje, eu tenho um companheiro, mas ele mora na Guiana Francesa e eu moro aqui. Amanhã eu vejo ele (sorri). Eu já tenho uma paz dentro de mim, tô feliz, e sei que vou conquistar essa finalização dos chalés.

Um parêntese: Enquanto eu viajava, Lilma finalizou seu objetivo com os novos chalés e, hoje, faz um trabalho voluntário muito bonito na cidade com os jovens. Essa pousada, Chalets Paradis, realiza viagens ao rio com o irmão de Lilma, até praias e cascatas, passeios na floresta com guias e especialistas da flora e fauna da Amazônia, passeio pelo Parque Nacional Cabo Orange. É um lugar de repouso e bem-estar, de descanso e de observação.

Saindo do Oiapoque, retorno a Macapá, o único caminho para ir embora. Então precisei entrar em contato com a Elizabeth, de Macapá, a pessoa que me alugou o *flat*. Ela foi me buscar na rodoviária às onze horas da noite e me levou para sua casa, uma linda chácara onde passei dois dias com ela e sua família. Foi maravilhoso. Elizabeth e seu marido são pastores, e me levaram a passear em alguns lugares na cidade e, mais a noite, fomos à sua igreja.

Os almoços eram deliciosos e fiquei grata a Elizabeth e toda sua família. Eles têm três filhas: Aline, Tibeli e Suzi. São hoje seis netos, sendo duas meninas gêmeas. Uma família unida que reza antes de saciar sua fome, agradece pelo alimento, pela vida e harmonia. São pessoas dinâmicas e ajudam muita gente. A igreja deles é pequena e aconchegante. Trabalham muito para dar conta de tudo que fazem, são envolvidos com causas sociais, como ajuda a idosos.

Hora de ir embora!

A direção é o lado oeste do Pará: a cidade de Santarém. Mais dois dias e meio de balsa. Essa balsa foi uma experiência desagradável. Fiquei também na "cabine suíte", com outras baratas. No entanto, as pessoas que viajavam do Amapá para Santarém se comportavam diferente daquelas na primeira viagem. Explico: no bar da balsa eles fazem lanchinhos, e servem outras coisas também, como frituras. Mas o que mais rolava era a cerveja. Chegou um momento em que eu não conseguia ir mais ao bar, porque ele ficava muito sujo, com latinhas e garrafas no chão, guardanapos de papel, tudo jogado, sem qualquer cuidado. Os latões de lixos eram enormes, um de cada lado do bar, mas as pessoas jogavam tudo no chão. A partir de certa hora, virava a maior balada regada a cerveja e eu me recolhia.

Chegamos a Santarém e ao meu lado estava uma jovem senhora que perguntou se eu iria a Alter do Chão. Respondi a ela que não sabia o que era. É o Caribe de água doce no Brasil, respondeu-me. "E como faço para ir lá?", perguntei. Ela me ensinou e lá fui eu para esse lugar chamado Alter do Chão, no Pará, que não fazia parte do meu roteiro.

Chegando a Santarém, procurei estadia lá mesmo. Costumava ficar de três a cinco dias nas cidades e, nesse lugar, fiquei quinze dias. Não somente por sua beleza, mas porque haveria uma festa popular muito importante da localidade e resolvi esperar por essa festa chamada Sairé ou Çairé. Em Alter, fiquei em dois lugares, num *hostel* bem legal, onde conheci minhas amigas de São Luís do Maranhão (MA), Letícia e Carol, que me adotaram. Passeamos muito. Conheci por meio delas a Kariane, de Santarém. Três pessoas maravilhosas que me apoiaram.

Depois fui para a pousada Sombra do Cajueiro, e lá fiquei treze dias, para escrever também.

E o Sairé? O que é exatamente?

É uma festa religiosa e folclórica realizada há mais de 300 anos, geralmente na segunda semana de setembro. Traz uma manifestação de fé e alegria na qual conta a cultura popular da Amazônia, originada das evangelizações dos padres jesuítas quando em sua atuação com os índios.

O que vi e vivenciei não se apaga da memória. Logo no primeiro dia acompanhei um grupo de pessoas para ver a benção do Sairé, feita na praia da Gurita, conhecida como praia do Cajueiro, segundo uma radialista da cidade me contou.

O Sairé é abençoado e levado para o local da festa pela mulher mais antiga da cidade, que tem o direito de carregá-lo. São arcos em semicírculos feitos de cipó, torcidos e encapados com fitas coloridas. A junção de três cruzes contidas no centro do semiarco – uma mais acima, outra no meio e outra mais embaixo – tem o significado da Santíssima Trindade e um só Deus. No centro, tem uma cruz e a simbologia é o Divino Espírito Santo.

O evento inicia cedo. Às 7 horas, uma população significativa já caminhava nas ruas caminhando em direção ao mar, e eu me juntei a eles.

Norte

A pessoa que carrega o Sairé
chama-se Saraipora.

Quando estávamos chegando à praia, todos correram e eu segui o fluxo. Havia uma árvore imensa, com sua copa que abrigava a todos do sol e embaixo de onde estavam dois mastros, um ao lado do outro. Os homens correram e pegaram um e as mulheres outro, tudo ao mesmo tempo. Coloquei-me com as mulheres para carregar o nosso mastro até a praça central para serem enfeitados com flores, frutos e folhas da região em agradecimento ao Divino Espírito Santo pelo alimento e pela floresta Amazônica.

É uma competição entre os homens e as mulheres e ganha o grupo que termina primeiro de enfeitar o mastro, erguê-lo e fincá-lo no chão, onde ficam até o final do evento (em 2016, quando estava lá, os homens venceram).

Ao longo dos dias de festa, as apresentações vão tomando volume e formas diferentes como, por exemplo, no ritual religioso (sagrado), a conservação das ladainhas e rezas ainda em latim, e do lado popular (profano), a apresentação dos shows artísticos e danças típicas realizadas por crianças, adolescentes e adultos.

No profano, há uma disputa entre os Botos Tucuxi e o Boto Cor de Rosa, ritual no qual os jovens se vestem para sua luta.

Expressar tudo o que vi nesses cinco dias, participando ativamente, se torna inesquecível.

Venha sonhar comigo

Portal de entrada
da Festa Apresentação.

Todos se divertem, rezam e cantam ao redor dos mastros. Para mim, foram emoções incríveis ver o povo fazer suas obras de arte, se dedicar com uma seriedade enorme. Alter do Chão é distrito de Santarém, o maior polo turístico da localidade, banhado pelo Rio Tapajós, um dos mais lindos que vi.

Lugar de praias, voltado para o turismo, o aquífero de Alter do Chão é uma das maiores reservas de água do Brasil e do mundo.

Na ponta do Jari
Bicho preguiça tem
Sobe a árvore
Não tem pressa

Fruta tarumã tem
Vem da mata Atlântica
Azeitona brava tem é Grataúba
E sombra de touro tem é árvore frondosa
Tudo isso tem na floresta Amazônica
Barco furado também tem
Amigas juntas nele também
Caneca tira água
De dentro do barco furado

Norte

Tive a felicidade de conhecer dona Maria Justa, a Saraipora mais antiga da cidade, com uma grande história de vida. A Eliana, da pousada, me levou até a casa de dona Justa, uma senhora de mais de 80 anos, doentinha, olhar muito triste e de fala mansa, quase sem força. Mesmo fraquinha, ela me presenteou com sua história.

5 – A Saraipora do Sairé
Maria Justa Correia Lima
Alter do Chão-PA

"Eu continuei no rio até que cheguei num barco com a corda que tava puxando as pessoas e eu me salvei"

Meu nome é Maria Justa Correia Lima, 83 anos, nasci em 22 de abril de 1938. Eu tenho 40 anos de Saraipora do Sairé, sou a mulher que carrega o círio do Sairé. Esse ano não pude ir, porque tá vendo meu pé? Eu fui mordida por um cachorro. Vou contar pra senhora como foi minha vida. Eu fiquei sem mãe com quatro anos de idade. Quando eu tinha seis anos tive uma doença e eu voltei a engatinhar. Aí, meu pai, foi num senhor que fazia remédio caseiro, e ele disse pro meu pai: "olha faz o remédio do alho pra ela, pega o alho, pisa bem pisadinho, embrulha num pano e ponha nela", porque o alho queima, né?

E aí o alho vai puxar tudo que ela tem. O alho ficava dentro do pano, e o pano na minha perna, enrolado. Quando fiz sete anos, sarei. Eu morava aqui mesmo em Alter do Chão e eu estudei até o segundo ano, que bom que eu sei escrever meu nome.

A gente ia pra roça todo dia e fazia farinha. Veio uma senhora e pediu pra morar com ela, e fiquei quase dois anos, e depois ela me devolveu pro meu pai porque ela ia embora viajar pra longe. Depois fui morar com outra senhora e fiquei um ano. Aí eu casei e tive dez filhos. Dois morreu e oito eu criei. Os oito era meu e dois era dele. Aí, graças a Deus, todos tão bem. Tenho três aqui, dois em Santarém e três em Manaus, porque aqui na época não tinha essas aulas que tem hoje, por isso foram embora para Santarém para poderem estudar. Eu tenho meu marido, mas só que agora minha filha que cuida dele.

O Sairé foi fundado em 1973, e vieram me convidar pra mim ser a Saraipora, já tinha a primeira mulher, aí precisava da outra, eu fiquei. Eu tinha mais ou menos uns 40 anos.

Quando eles vieram me convidar eu me senti bem. Até hoje me sinto muito bem sendo uma Saraipora. Quando cheguei lá não saí mais, só agora por causa do meu pé.

Olha, o Sairé é muito importante, porque quando eu peguei um naufrágio e eu tava dentro do rio, os bichos comendo tudo que tinha, e aí eu me peguei com o Sairé.

"Ó, Senhor! Meu glorioso Sairé, me livra aqui desse perigo e eu vou lhe carregar até eu não poder mais", e hoje ainda tô aqui contando isso pra senhora.

Eu tava indo pra Manaus ver meu filho e, quando chegou em Óbidos (AM), já tava a madeira rachando, era relâmpago, fogo, chuva e tudo escuro, e o navio afundou.

Aí, eu não sabia por onde eu saltava, por onde me livrar, e vi uma cerquinha e me joguei por cima era a cerquinha do barco, e comecei a nadar. Eu tava pra chegar naquele rebujão e chegar nele, adeus! Aí eu ouvia um grito: "Maria, Maria..." Maninha, mas aí a senhora sabe que Maria, João e Pedro tem demais né. Aí fui nadando e vi uma criança pequena em cima d'água, e eu peguei ela e botei na minha costa, naquela época eu era a Maria, hoje eu sou Justa já (ri), aí eu disse pra menina: "põe sua cabeça em cima da minha, não abra a boca e nem respira na água". Aí veio uma senhora da prainha pegou a menina num barquinho e disse pra mim pegar a corda e iam me puxar. E o rapaz disse: "dona, me dê essa criança e salve". Era um botezinho tão pequeno que não me cabia. Eu continuei no rio até que cheguei num barco com a corda que tava puxando as pessoas e eu me salvei. Deus o livre, morreu duzentos e duas pessoas, e sobrou cinquenta. Olhe, eu cortei os dois calcanhar, um vidro entrou atrás da minha orelha e me cortou, eu tava toda ensanguentada. O que me valeu é que o corte foi só por cima. O navio que eu tava viajando tava superlotado, ele afundou de noite umas duas e meia da manhã, no rio Amazonas.

Eu tinha, na época, uns quarenta e sete anos. Hoje, graças a Deus, se a senhora me levar lá na beira do rio e me botar pra nadar eu vou voar, eu nado muito bem até hoje. Eu participo da ginástica, da hidroginástica, e ainda nado no rio.

Falando de novo no Sairé, eu não tinha nenhum ganho aqui em Alter do Chão. Aí fiquei bem firme na minha fé e conversava muito com todo mundo, conversava, conversava, e aí cheguei aonde cheguei. No Sairé comemora a Santíssima Trindade que é o Sairé a gente faz um pedido e um agradecimento. Pode ser feito um pedido. Aqueles mastros que a senhora viu é do juiz que são os homens e da juízas que são as mulheres. Todo ano vem gente de todo lugar, até de fora, pra ver a festa. As fitas são as cores do arco-íris. O arco colorido, que é o Sairé, que é o Divino Espírito Santo, e tem a Santíssima Trindade que a juíza leva. O Sairé quem leva é a Saraipora, e agora como eu não pude levar, eu pedi pra ela levar pra mim. Os que tocam chamam "espanta cão": um toca caixinha, outro toca violão grande, outro toca bateria, os mordomos levam as fitas do Sairé.

Essa fé é milagrosa, pedir uma coisa pro Divino Espírito Santo é muito importante e ele ajuda mesmo, vem gente aqui pagar promessa.

Que o Divino Espírito Santo acompanha a senhora, te ilumine, te guarde e te dê felicidade!

Ao retornar da casa de dona Justa, encontro com Eliana e seu marido, que tocam uma pousada aconchegante e familiar.
Eles têm dois filhos lindos: o Lucas e a Laura, ainda pequenos.
Eu me senti em casa: batemos um longo papo que se transformou em outra história, que a Eliana escreveu e me enviou por *e-mail*.

6 – Meu primeiro amor, meu primeiro homem!
Eliana Barreto
Alter do Chão-PA

*"Mas quando se tem amor e dedicação,
a colheita sempre é farta"*

Sou filha de nordestinos que na década de 60 saiu de suas cidades natais para tentar a sorte em outro estado em busca de uma vida melhor. Minha mãe, ainda uma menina de apenas 13 anos, junto com quase toda família (uma das irmãs dela havia se casado e preferiu ficar na cidade onde muitos saíam para explorar outras regiões que estavam sendo desbravadas), viajaram quase 30 dias em um pau de arara, onde enfrentaram muitas dificuldades para chegar a um destino incerto. Depois de quase 30 dias de viagem, chegaram numa terra desconhecida, mais cheia de oportunidades. Foram morar num sítio numa localidade chamada Tranchão. Lá trabalharam arduamente para conseguir pelo menos o alimento de cada dia. Não foram dias fáceis, em especial no inverno, que judiava demais de cada pessoa que não conhecia o frio intenso desta região. Lembro minha mãe contando que ela chorava de tanto frio, que mal tinha agasalho para se proteger. Mas agora tinha que enfrentar essa dura realidade. Os anos se passaram, minha mãe se tornou uma linda moça e logo despertou o interesse do rapaz que viria a ser meu pai, que se apaixonara por ela. Namoraram dois anos e não esperando o casamento, resolveram fugir (naquela época termo muito usado pelo povo quando dois jovens se apaixonam e decide morar juntos). Mas naquela época essa decisão não era a mais acertada perante a família e a sociedade. Meus pais tiveram quatro filhos (três mulheres e um homem); fui à terceira. Só não fui a mais esperada porque meus pais já tinham duas meninas, e ele queria muito um filho homem. Mas não seria dessa vez e nasce mais uma menina. Quanta decepção para meu pai, conta minha mãe. Depois de três anos e meio, nasce o filho homem tão desejado. Família completa. Nessa época já não morávamos no sítio do Tranchão. Já estávamos morando numa cidade chamada Nova Andradina (MS). Meus pais trabalhavam na roça (colheita de algodão, arroz, feijão e amendoim). Saíam de madrugada e só chegavam ao final do dia. Muitas vezes íamos com eles e ajudava na colheita. Para nós puro divertimento, mas para eles sofrimento de ficarem horas a fio no sol quente; peso nas costas e pouco dinheiro no fi do dia. Mas era o preço que se pagava quem não tinha estudo. Alguns anos se passaram, algumas mudanças aconteceram como morar na cidade de Presidente Prudente por quatro anos. Mas Nova Andradina voltou a ser a cidade onde ficaríamos por mais um período. Agora meu pai empregado como motorista de caminhão de bebidas e minha mãe, costureira, ofício que aprendeu sozinha costurando roupinhas de bonecas.

Quando completei oito anos de idade, meu pai recebeu uma proposta para trabalhar numa cidade chamada Ivinhema, a 50 quilômetros de Nova Andradina, onde eles residem até hoje. Ivinhema se tornou minha cidade querida, onde vivi momentos bons e ruins, mas momentos que marcaram minha história de vida. Sempre fui uma menina sonhadora, otimista e confiante que tudo na vida tem seu lado bom. Cresci num ambiente cheio de amor, mas também cheio de conflitos. Meu pai sempre fez a minha mãe sofrer com algumas traições. Vi o sofrimento de uma mulher batalhadora de perto. Mas sempre estava firme para dar apoio a ela. E ela hoje é meu exemplo de vida! Cresci cheia de sonhos. E sabia que isso só seria possível por meio do estudo. Este era meu único caminho, mas sempre barrado pelo autoritarismo do meu pai que dizia: "Filha mulher não estuda!" Assim aconteceu com minhas duas irmãs mais velhas. Casaram para viverem suas liberdades. Esse não era o caminho que eu queria percorrer, não naquele momento, com uma vida cheia de planos, planos pra mim e não planos a dois. Tinha que lutar! E foi o que fiz. Lembro-me que quando estudava o científico (hoje chamado de Ensino Médio) o último ano só tinha à noite. E meu pai não queria deixar. Corri atrás de respostas e consegui terminar o curso do Cientifico (meu pai colocou meu irmão de apenas doze anos para estudar no período noturno para ser meu guarda-costas, acreditam?). Agora tinha a faculdade. Na época já sabia que gostaria de fazer Artes Cênicas, mas só tinha na região sudeste do país. Não tinha como estudar fora da minha cidade, muito menos fora da minha região. Fui tentar a sorte em Pedagogia mesmo. Único curso oferecido na única faculdade recém-inaugurada na cidade. Foi difícil! Tive que fazer o vestibular escondido do meu pai. Queria só apoio. Tinha o da minha mãe. Tudo era novo. Veio o resultado, passei! E agora? Era o momento de contar que a minha oportunidade tinha chegado. Com muita conversa medo, dúvidas, consegui convencê-lo. Como fui feliz nesses quatro anos de faculdade, como cresci. Não era o curso dos meus sonhos, mas era o que eu tinha. Precisava de um caminho. Chega então a proposta de trabalhar no Mato Grosso, lugar que na época tinha poucos professores formados. Decidi enfrentar e buscar meus sonhos dourados. Teria minha liberdade tão desejada, era o momento. O momento crucial da decisão, dos argumentos para fazer meu pai entender que agora eu tinha asas e precisava voar. Precisava voar! Malas feitas, coração pequeno por deixar minha família, minha mãe amada, minha história para recomeçar outra.

Lá estava eu com mais duas amigas, costurando novos ideais. Tudo regado com muito medo, angústia, sagacidade, amor... Um mundo novo se abriu a minha frente, não tinha como voltar atrás. Precisava ser ainda mais forte! E assim eu fiz... Enfrentei o medo e costurei minha história com pontos firmes.

Consegui uma sala de aula. Era meu sonho de liberdade e independência se tornando realidade. No primeiro ano, foi um ano de descobertas, troca de experiências, de refazer os cacos e se fortalecer para dar continuidade aos meus planos já traçados. No segundo ano, foi o ano que pude ter a oportunidade de viver um grande amor, que sempre quis viver. Conheci o meu esposo Eduardo. Minha melhor parte. A mais bonita, a mais real, a mais singela. Foram três anos de namoro intenso, com sensações antes não vividas e sentidas. Agora já morando juntos, a vida nos levou para novos rumos. Agora nossos sonhos e anseios mudariam de endereço. Santarém, no Pará. Eduardo recebera uma proposta para trabalhar nesta cidade. Mas para isso precisava conhecer o lugar. Ficamos 37 dias longe, enquanto ele, um apaixonado por motocicletas, viajava pela rodovia 163, em busca de novas oportunidades, eu continuava trabalhando esperando meu amado. Depois de todo esse tempo, ele chegou a Alta

Floresta para me buscar, para vivermos juntos mais uma etapa das nossas vidas. Chegamos em Santarém no dia 12 de outubro de 2016. Estávamos juntos, com uma única convicção, éramos um só, tínhamos um ao outro. Mas o convite de trabalho não era em Santarém e sim numa cidadezinha do interior do estado do Pará chamada Uruará, localizada na Transamazônica. Depois de 20 dias em Santarém nos mudamos para essa cidade. Ficamos num hotel até encontrarmos uma casa. Eduardo, empregado numa farmácia a qual ele iria gerenciar; depois de um mês também já estava empregada em duas escolas da cidade. Tudo era muito novo. Estava feliz porque estava vivendo ao lado do homem que tanto amava, mas ao mesmo tempo, saudades de casa. Passaram-se 06 meses e novamente nossas vidas mudariam de rumo. O proprietário da farmácia a qual o Eduardo trabalhava resolveu mudar a empresa para Santarém. Comemoração! Uma cidade maior, com mais oportunidades. Ficamos felizes! Foram dois anos e meio morando em Santarém. Trabalhando em nossas áreas de formação. Muitas amizades verdadeiras conquistadas, muitos momentos a dois inesquecíveis, algumas viagens, outras visitas, até que novamente nossa vida mudou de prumo. Eduardo, não satisfeito com a vida que levávamos, decidiu que tínhamos que ter nossa própria empresa. Mas fazer o quê? Pensamos em muitas coisas, até que um dia ele veio com a ideia de trabalhar com hotel. Como assim? Hotel? Em Santarém? Não! "Não daria certo", pensei. Nunca tinha trabalhado com hotelaria, achei loucura. Mas ele estava inquieto e sempre me indagava sobre essa possibilidade. Passados uns meses, ele me disse: "por que não pousada?" Vamos fazer uma pousada em Alter do Chão! Relutei um pouco, amadurecemos esse novo projeto, conversamos com a família, pesquisamos sobre o assunto, analisamos as pousadas já instaladas em Alter do Chão e decidimos concretizar o sonho. Eduardo junto com os pais, em especial sua mãe Gracita, que sempre foi uma mulher maravilhosa, venderam um de seus terrenos para levantar o dinheiro. Foi um ano de obra e muita luta. Ano esse que nos surpreendeu com a morte prematura do irmão mais novo do Eduardo. Passadas a tristeza e a revolta de uma morte tão inesperada, focamos novamente na construção da pousada. Logo que ela ficou pronta (em termos), mudamos para um quarto da pousada para deixar o aluguel. Naquele dia, sentia umas dores no final da barriga, perto da virilha. Naquele mesmo dia comprei um exame de farmácia e antes do amanhecer, descobri que realmente aquela dor era gravidez. Fiquei tão assustada com a notícia que comecei a chorar e logo acordei Eduardo para contar a notícia. Inauguramos a pousada dois meses depois de descobrir que estava grávida. A pousada estava ainda crua nas instalações, mas tínhamos garra, fé, vontade de trabalhar. Lucas, nome escolhido por mim, nasceu depois de seis meses de inaugurada a pousada, no dia 03 de fevereiro de 2010. Com o nascimento dele nasceu uma nova mulher e um novo homem. Trabalhávamos quase que 24 horas, pois morávamos na pousada, e as pessoas sempre estavam à nossa procura. Depois de quase cinco anos morando na pousada, conseguimos alugar uma casa ao lado dela. Teríamos privacidade e calmaria. Nessa mudança, vieram os planos de ter outro bebê. Agora teríamos uma menina, nossa menina Laura, nascida no dia 1º de julho de 2015. Mais uma alegria, mais uma fonte de amor inesgotável. Agora família completa. Agora vejo que tudo valeu a pena, porque tudo foi feito com muito amor. Não foi fácil, não foi tão simples assim percorrer todo esse caminho, mais valeu a pena cada subida, cada descida, cada tombo, cada realização, cada noite sem dormir, cada preocupação... Valeu a pena! Ainda temos muito que conquistar, ainda estamos no processo de aprendizagem e melhoria constante. **Mas quando se tem amor e dedicação, a colheita sempre é farta.**

Após 15 dias em Alter do Chão, tinha que continuar minha jornada. Mas meu coração ficou triste, como se eu quisesse ficar morando lá. Retornei a Santarém para seguir viagem pelo rio para Manaus (AM), no final da tarde.

Uma pessoa havia me falado de dona Dica Frazão, a mulher das artes de Santarém. Então, logo pela manhã, perguntei no hotel onde ficava o museu de dona Dica Frazão, pois eu teria um horário pela manhã para conseguir conhecer o museu. Para minha boa sorte era a meia quadra do hotel. Ao chegar, me deparei com uma senhora de noventa e seis anos, em uma cadeira de rodas, delicada e frágil. Conversamos um pouco e expliquei a ela o motivo da minha visita em seu museu e se eu poderia gravar a história que ela teria para me contar. Imediatamente, dona Dica aceitou meu convite e assim fizemos nossa gravação diferente das outras. Dona Dica mostrava seus produtos e explicava o que eram. E assim, um por um, ela descrevia o significado para mim. Conforme falava, ela despertava em mim outras percepções e eu fazia algumas perguntas para ela. De um jeito muito delicado, e até divertido, pelo seu sorriso sereno, ela fazia um gesto com o dedo nos lábios ("Psiu! Deixe eu falar", sorrindo). Aos poucos fui compreendendo que ela se perdia na fala se fosse interrompida.

Às vezes, a gente não percebe a necessidade do outro e, no entanto, basta um gesto delicado para compreendermos.

Foi um presente para minha existência ter conhecido essa senhora que, em sua fragilidade física, demonstrava ser uma mulher forte, sábia, lúcida, esclarecedora. Meu sentimento é de preenchimento e gratidão. E a história vem a seguir.

7 – Entre Cascas
Dica Frazão
Santarém-PA

> *"E as pessoas deixam mensagens para mim que me fazem chorar, porque eu sou a primeira mulher do mundo criar essa arte da natureza"*

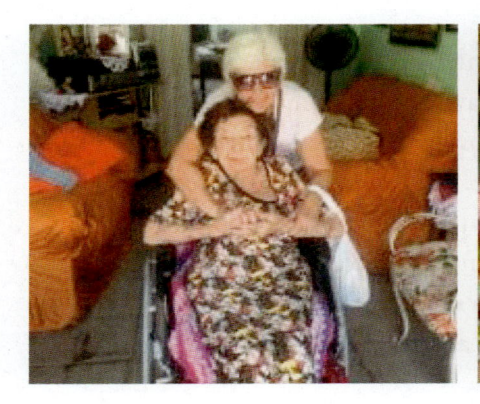

Eu criei uma arte única para o nosso país. Posso falar? A senhora presta atenção. Em 1º de janeiro de 1949, eu troquei os tecidos pelas fibras e da noite pro dia nasceu essa mente aqui na minha cabeça, tá entendendo? Eu criei essa arte, foi criatividade minha, eu descobri as matérias-primas da natureza e fiz tecidos e roupas, você está vendo isso aqui?

(mostra a cesta das fibras; foto acima)

Presta atenção: todo material que eu trabalho está aqui nesta cesta. Toda matéria-prima que eu uso no meu trabalho, você está vendo aqui nessa boutique de luxo, maravilhosa?

Aqui não existe tecido, não tem pano aqui no meu museu, nem algodão, nada, nada, tudo é da natureza, são as fibras da natureza, faço a fibra virar um pano e depois eu faço a roupa.

A senhora gostou do que eu falei até agora? Pode ser incrível, mas é verdade, é muito maravilhoso esse museu, o mundo inteiro admira essa arte. Vários países já vieram aqui na Dica Frazão pra conhecer essa arte. Eu tenho quatro livros lacrados, mais um agora que é o quinto livro de ouro, porque mais de mil pessoas já passaram por aqui e cada livro tem duzentas páginas. **E as pessoas deixam mensagens para mim que me fazem chorar porque eu sou a primeira mulher do mundo a criar essa arte da natureza.**

Vou mostrar a primeira fibra pra senhora. Ela chama malva. A senhora pega essa foto aí pra mim? Esse é um vestido de noiva, meu amor, presta atenção, tá olhando?

Tá vendo? O que você faz com o tecido, eu faço com a fibra. Posso fazer renda, bordado, olha essa foto aí, esse vestido está na Alemanha. Esse vestido, que parece uma renda, é todo de fibra, ele é da natureza.

Eu estava trabalhando nele, entrou um casal – ela brasileira, ele alemão – estavam noivos e quando ela viu o vestido deu um gritinho: "Olha, eu quero esse vestido!" Ela vestiu e ficou uma luva nela, e ele comprou pra ela e casaram na Alemanha.

Ela já tinha uma filhinha de oito anos antes de se casar, e a menininha foi a dama de honra dela. E eu fiz o vestidinho que dizia: "a eficácia da Amazônia e da malva, entre casca da árvore da Amazônia que é a mãe da malva". Ela mandou pra mim um álbum de casamento todinho. Toda a festa do casamento está no álbum com esse vestido. Ela era aqui de Santarém, mas hoje em dia a mãe dela mora em Florianópolis.

Agora, você vai conhecer outro material, essa é a fibra de buriti. Ela também vira pano, vira um tecido, e faço vestido, roupa, imagina, é a coisa mais linda feita com essa palha, fiz a toalha que foi para o Vaticano que você vai ver ali agorinha. Você vai ver a toalha e eu mostro o material.

Preste atenção, minha filha. Esse outro material é a raiz do patchouli, isso aqui tem um perfume natural. Ela é cheirosinha, quando você abre a vitrine tá um cheiro que exala e já, já, vou mostrar o vestido que fiz com o patchouli.

Agora, presta atenção. Na Amazônia, tem uma árvore que chama entrecasca e dela faz esse maravilhoso tecido, olha aqui o "touro" da madeira da entrecasca. São os índios mundurucus que tiram as cascas há cinquenta anos.

Presta atenção na história. Quando veio pra mim dois pedaços duro, duro de um pau, as cascas feias, pois veio uma marrom e outra branca, e eu coloquei na água. Você queria saber a história, não é? Então, quando coloquei na água para limpar aquelas cascas, eu ia fazer cabo de leque, dessa madeira, dessa casca. A irmã Edwirgens, que era uma freira alemã, fundadora da missão cururu, ela tinha cinquenta anos na missão, quando ela pegava nessa casca não sabia que era pano, e aí eu mostrei pra ela, e disse que descobri que a casca tinha mais leite do que seringa, e a casca era grudada, porque eles não lavavam ela, quando eu lavei, saiu todo o leite e mostrou o tecido para a freira. Olha aqui na minha mão, filha, o original, tecido natural, da natureza, entendeu?

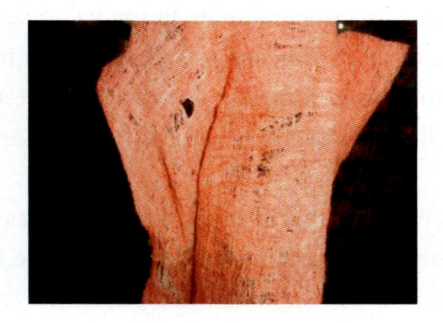

Entre cascas.

Mana, quando a freira viu o tecido passado a ferro ela chorou muito abraçada comigo e disse: "dona Dica, 50 anos mexi com isso e não sabia que era pano".

Olha minha filha, pega esse pano, olha como é macio, olha como ele puxa, estica, como ele cede!

Preste atenção, eu tô na frente do vestido feito por essa fibra, olha que outro vestido de noiva é feito com ela. Presta atenção, eu faço o tecido e eu sou a estilista do meu próprio trabalho, os desenhos, os modelos são meus, a criatividade da arte é minha, aqui não existe réplica de ninguém, só a mãozinha da dona Dica Frazão. Eu construí o meu próprio museu com as minhas mãos, e hoje estou aqui atendendo os turistas, que tal?

Olha aqui esse vestido, a primeira peça que eu vou te mostrar. Vem aqui bem pertinho, vem. Olha, essa peça é a Sinhazinha da Fazenda, ela foi para o Boi Garantido, em Parintins, no Amazonas.

Preste atenção, aqui o vestido é todo feito com esse tecido da entrecasca da Amazônia. Tá vendo o material? Gostou do modelo? Então, esse modelo é a personagem da Sinhazinha

Venha sonhar comigo

da Fazenda. O leque vermelho é a pluma do peru (quando trocam as penas, a gente pega), e o cabo tem o patchouli. Que tal, meu amor?

Agora, vamos aqui mais à frente, chegue bem pertinho, você está do lado do vestido do patchouli, vem olhar o que o patchouli é capaz de fazer.

Olha esse vestido feito por essa raiz maravilhosa. Rainha do folclore do Amazonas, o vestido mostra tudo que o Amazonas tem, até aqui é o patchouli, aqui nesse lugar é do Buriti.

Veja agora outra surpresa: os patos da Amazônia, tucano, a garça, a arara, a colheireira e o papagaio. Olha, a coroa da rainha, a surpresa maior, semente de abóbora, pepino e melão, na coroa da rainha, viu? É tudo da natureza. Agora olha o manto da rainha, vem atrás da minha cadeira e olha pelo espelho, aí você vê o rio Amazonas, a vitória-régia e tem uma garça atravessando o rio, que tal? Completou o Amazonas ou não? É a história do Amazonas neste vestido.

Agora, vem pra cá, meu amor. Porta estandarte do Garantido. Os detalhes em vermelho é por causa do grupo Garantido, que é vermelho e branco. Aqui, tem a malva de novo, todo ele é tecido na malva, as flores, os detalhes, tudo, esse bordadinho vermelho, as flores lá do arranjo da cabeça é malva. Gostou, meu amor?

A senhora já ouviu falar do encontro das águas de Santarém? Eu criei esse personagem em 1974, quando recebi uma carta lá de Brasília pedindo que eu fizesse um personagem que representasse o estado do Pará e a cidade de Santarém. Quase eu enlouqueço. Pensei duas coisas ao mesmo tempo. Aí fiquei e pensei e rapidinho me veio o encontro das águas,

Venha sonhar comigo

pois Santarém é a única cidade do mundo que tem esse fenômeno, o Tapajós e o Amazonas, tem esse encontro bem **no meio da cidade** e as águas não se misturam, nem se separam, o Tapajós e o Amazonas são dois eternos namorados, assim eu considero, então esse personagem chama a Deusa do Encontro das Águas.

A roupa dela é da entrecasca da árvore da Amazônia. Esse pano é mais resistente que se imagina, ele aguenta quase tudo, só a água sanitária e detergente que não, porque essa fibra não aceita. Os índios taparuás do Tapajós e eu também homenageio eles nessa roupa, olha, esse desenho é dos índios Tapajós.

Aqui nessa rede tem o ouro, que é o Amazonas, e os nossos diamantes, que é o Tapajós. A senhora sabe que no fundo do Tapajós ainda é cheio de diamantes? Olha, a tarrafa com os peixes é como se fosse a riqueza do Tapajós e do Amazonas, juntos que não se separam, são o Jaraqui, Aracu, Acari, Itié, todos os peixes famosos de Santarém.

Agora vamos aqui para essas toalhas, minha filha. Preste atenção. Lembra que eu falei da peça que está no Vaticano? Olha aqui, é essa toalha que está no museu João Paulo II, no Vaticano. Eu teci ela na palha do Buriti em 1990, dois bispos nossos a levou para o Papa, o Dom Tiago e o Dom Higino.

Olha, agora a malinha que eu fiz para levar a toalha do Papa foi feita com a raiz do patchouli, ficou aquele cheirinho bom, eu fiz só pro museu. Há dois museus: um que foi pra fora e outro que ficou aqui.

Aqui no museu, meu amor, tudo são cópias, porque eu não resgatei nada. Por exemplo, Parintins dançou, sujou, molhou e eu não ia botar nada assim aqui, então fiz cópias de tudo para ter no museu e contar essa história pra senhora. Nada aqui foi usado.

Olha essa outra toalha bordada de vermelho.

Olha só que renda linda! Sabe quem é o dono dessa toalha? Foi do presidente Juscelino Kubitschek. Em 1957, eu fiz essa toalha para ele. Ele veio a Santarém ver a Transamazônica, que era obra dele, o prefeito na época era o Dr. Armando Nadjer, que encomendou a toalha para ele. Já me disseram que a toalha está lá no memorial dele em Brasília. Essa foi a primeira toalha que criei na raiz do patchouli.

E essa outra toalha branca é feita da árvore da entrecasca. Ela foi para uma juíza no estado do Maranhão. Eu comecei a trabalhar com esse material quando tinha 29 anos. Quantos anos a senhora acha que eu tenho?

Eu tenho 96 anos, que completo agora dia 29 de setembro de 2016, portanto nasci em 1920. E eu continuo trabalhando, eu não parei, tenho naquela outra sala coisas lindas que eu faço pra vender. Eu não posso mais costurar na máquina por causa do pé, mas eu tenho uma filha adotiva, e ela vem para fazer as bolsas comigo, ela vem me ajudar. Eu monto as bolsas, faço tudo que é modelo, e ela vai costurando na máquina. Tá entendendo?

Olha só essa peça que homenageia a moda dos anos 70. Eram as minissaias, e essa foi feita com a fibra marrom dos índios mundurucus. Todo mundo namora com esse vestido.

Olha só esse outro vestido. Como diz a Fafá de Belém, um escândalo! *(ri)*.

Toda essa renda do vestido de noiva foi feita nessa fibra, e eu tive que trabalhar nela uns três meses. Meu segundo marido me ajudou muito a tecer essa fibra de patchouli divinamente bem.

Meu primeiro marido está falecido há quarenta e um anos e tivemos sete filhos. Eu não tenho nenhum filho do segundo casamento. Eu já perdi dois filhos. Agora tenho cinco e todos moram longe. Belém, Curitiba, Brasília, Santa Catarina e Rio de Janeiro. Tenho 33 bisnetos, 22 netos, 10 ou mais, acho que uns 15 tataranetos.

Agora vamos continuar. Esse vestido de noiva foi para Londrina (PR) em 1975, completando o que falava do vestido.

O buquê é de flores de pena de ganso, de surpreender o turista quando vem aqui. Teve um estilista do Rio de Janeiro que chorou ao ver esse vestido e disse que trabalha com rendas há muitos anos, mas não tinha visto uma natural com tamanha beleza.

Os índios mundurucus não dizem o nome da árvore, é um segredo que eles guardam a sete chaves. Eu nunca soube o nome, só conheço como entrecasca.

Agora vou mostrar essa fibra que quando a madeira é escura ela sai dessa cor, ela não é tingida, é cor natural.

Vamos mais à frente, essa peça aqui é típica do Pará.

Olha a tiara da cabeça, é feita da palha de milho, camará. Em 1974, junho, eu criei esse personagem para a casa da Amizade da Secretaria de Cultura de Belém.

Agora vamos ao último personagem, o mantô. Veja esse casaco. Sabe quem é a dona? É a rainha Fabíola, da Bélgica. Em 1972, eu fiz um desfile com essa roupa em Belém, no Teatro da Paz, com Fernando Grilhão. Tinha um casal da Bélgica assistindo e eles levaram de presente para a rainha deles.

Essa bolsa e o capuz eu desfiei o fio, olha como ficou, parece uma lãzinha desfiada. Fiz essa pele que deu mais trabalho que fazer os detalhes do casaco. Imagina isso? Feito da própria fibra da casca da árvore da Amazônia.

Olha essa índia, ela é a índia Tapajoara. Em homenagem!

Agora, presta atenção. Quando eu fiz a cópia desse vestido de noiva, só pra senhora ver a resistência dele, tem 17 anos, porque o museu foi inaugurado em 22 de junho de 1999. Então, todas as peças têm 17 anos, e olha como elas estão. Quem aprovou esse museu foi Fernando Henrique Cardoso.

Presta atenção agora. Tá gravando?

Em 1996, foi feito o projeto pra fazer o museu e vieram artistas de São Paulo, Rio de Janeiro, Brasília e um do estrangeiro (francês). Eles fizeram o projeto do museu e quando passou um ano foi aprovado.

E aí quando veio o *outdoor* que botaram lá na frente da casa, estava escrito assim: Em reconhecimento à arte ímpar de dona Dica Frazão com o apoio do Governo Federal. Quando você é ímpar, você é única, quando você é ímpar não tem ninguém, não é mesmo?

Contei toda a história pra você. Só tem mais uma coisa, em 1º de janeiro de 1943 quando eu criei essa arte eu fui a única pessoa a lançar a arte no Pará.

O governador do Estado do Pará me agradece com uma placa, escrita assim: *"A D. Dica Frazão foi a inspiradora de todos esses artistas que existem aqui!"*, e começaram a trabalhar com o que eu criei.

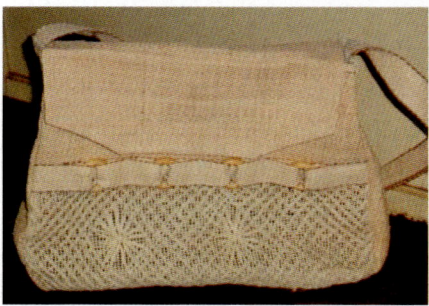

'Os chapéus que eu ainda faço, as bolsas e bolsinhas.'

Vamos para a outra sala que eu vou te mostrar a quantidade de prêmios que eu já ganhei. Olhe essa vitrine. Tem 47 peças nela, tudo isso são títulos e honrarias, minha filha. Olha esse quadro grande é feito tudo com palha, ele não tem tinta.

Vem aqui, minha filha, leve essa miniatura que eu faço, de presente pra você, é um brochinho.

Abraço apertado! Beijos nas mãos!

O Museu Dica Frazão fica na Rua Floriano Peixoto, 281, Centro - Santarém (PA), sob os cuidados de uma de suas filhas.

Em julho de 2017, recebi a notícia de que dona Dica havia falecido. Chorei muito naquele dia, ainda na jornada, porque de vez em quando eu ligava para ela. Dona Dica dizia para mim ao telefone: "Oi, minha filha. Meu livro tá pronto? Quero ler a minha história nele, eu tô muito velhinha e vou morrer logo".
E eu brincava com ela dizendo: "A senhora está proibida de morrer, quero muito que a senhora leia sua história no meu livro". E assim foi em todas as vezes que falei com ela. Para mim foi uma honra, um orgulho conhecer essa mulher, exemplo de inteligência, criatividade, humanismo. E sua filha está batalhando para prosseguir com o museu, em aumentar as vitrines, pois ainda há muitas roupas guardadas em baús.
Conservar a memória dessa artista que viveu pelas matas do Pará à cata de folhas que virassem pano para se fazer tecido e belas roupas ornamentais.
À tarde, logo após o almoço, ainda houve tempo para uma ida ao Museu João Fona, em Santarém, onde conheci o senhor Renato Sussuarana, irmão do escritor de muitos livros amazônicos Felisberto Sussuarana, e tive o prazer de ganhar do senhor Renato o último livro do seu irmão, que foi lançado após o falecimento dele – *Contos Amazônicos*. O museu é repleto de muitas histórias da cultura dos povos mocorongos, os nascidos em Santarém.

O senhor Renato é também um artista plástico respeitado na região, considerado um veterano dos mais completos. Conheci, também no museu, outro artista plástico, o Maelson, que trabalha lá, faz alegorias para o carnaval e também é funcionário da Secretaria da Cultura. Maelson teve a gentileza de me acompanhar durante a visita pelo museu e contou muitas histórias, numa delas contou que os primeiros habitantes de Santarém, os índios Tupaiú, quando morriam, eram enterrados embrulhados na rede com seus pertences e anos depois eram exumados e colocados em uma urna mortuária de segunda. Quando eram os chefes que morriam, a urna era um vaso de gargalo (mortuária de primeira). No dia do ritual, colocavam as cinzas no vaso, onde era feita uma bebida do milho e da mandioca, e as cinzas eram colocadas e misturadas, para beberem a sabedoria do morto para seu descendente.

Como já estava com o meu tempo no limite, segui para a balsa Santarém – Manaus, mais dois dias e meio de viagem, no mesmo contexto das outras balsas. A locomoção em toda a Amazônia é feita por via fluvial, ou aérea em alguns lugares. No navio, o que eles chamam de restaurante é um pequeno refeitório onde as pessoas formam uma fila enorme para pegar seu prato pronto servido pelas cozinheiras. Você não escolhe o que quer comer: os pratos são imensos e tem de tudo que elas fizeram para o almoço, tudo junto e misturado. Para mim essa experiência foi muito difícil, pois era muito molho vermelho, o que eu evitava para não correr risco de passar mal. Por essa razão, eram novamente os lanchinhos comprados e feitos por mim, com pão, queijo e vez ou outra uma rodela de tomate que a moça do barzinho colocava. E assim me alimentava nesses dois dias. Comprava sucos em caixinha, muita água de coco e assim era.

A balsa para em diversas cidades ribeirinhas, como a famosa Parintins, um polo da cultura nortista e palco de muitas roupas de dona Dica Frazão. A gente pode descer alguns minutos para conhecer de perto a região da orla do rio. É uma cidade famosa pelo Festival Folclórico de Parintins, a festa dos bois Garantido e Caprichoso. Segundo reza a lenda, um duelo entre os bois bumbás, o **Caprichoso**, com suas cores azuis e brancas, e o **Garantido**, com as cores vermelho e branco.

Quando percebi estávamos chegando em Manaus:

Floresta tropical
Rio Negro e Solimões
Um encontro de águas
Onde os Manaós estiveram

De origem aruaque
A borracha marcou época
A mandioca sustentava
No rio Tarumã fincou a cruz

Em Manaus, visitei alguns lugares lindos que me surpreenderam. Quando a gente se distancia do centro depara com uma Amazônia linda e exuberante. Conheci o Museu da Amazônia (MUSA), o Jardim Botânico, dentro de uma Reserva Florestal chamada Adolpho Ducke. Ao andar pelo Jardim Botânico, você tem a noção da Floresta Amazônica. Subi em um mirante que fica a 42 metros de altura, com 360 graus para se admirar. Do alto, se vê Manaus por cima da copa das árvores. A paisagem é linda e eu fiquei extasiada. Pude usufruir horas, lendo e aprendendo, curtindo e sentindo a natureza de perto. Em alguns momentos, temos de formar pequenos grupos, o que foi gratificante, pois meu grupo tinha apenas 10 pessoas.

Tem uma lojinha com coisas interessantes, uma pequena lanchonete com pouca infraestrutura. Um lugar que vale conhecer.

Fiquei hospedada muito próxima do Teatro Amazonas, uma obra arquitetônica das mais ricas e lindas que já vi. Inaugurado em 1896 no ciclo da borracha. Indescritível.

Fui a museus, espaços culturais... Tudo muito bonito e organizado. Os manauaras falam muito "mano e mano", utilizam o tu, repetem os pronomes pessoais no final das frases, como: "Eu fui ali no cartório, eu!". Esses são os mais nativos. Quando perguntava onde era determinado local eles me diziam: "é longe que só!". São cheios de "dialeto amazonês", como eles dizem.

Eu sempre tive muita curiosidade de saber como as pessoas que moram nas casas fluviais viviam.

Para chegar até eles precisei contratar um guia turístico, Mário, muito bom e paciente. Ele me levou até a próxima história, de Ricardo, Cassiana e seus dois lindos filhos.

Chegar aqui não é simples, necessitei de guia, barqueiro e autorização, por ser uma vila fluvial e o fato de eu querer entrar nas casas e conversar com algum morador. E esta foi a conversa que tive com essa família que me acolheu com alegria.

8 – Casas Flutuantes
Ricardo Lima Maia e Cassiana das Graça Nascimento
Manaus - AM *(transcrição)*

"E não é como as pessoas pensam, porque nossa cultura já é bem diferente agora"

Eu sou Sérgio Ricardo Lima Maia, ribeirinho, 37 anos, moro na comunidade Lago do Catalão, município de Iranduba, próximo ao encontro das águas.

Nossa casa aqui tudo é flutuante, é casa de ribeirinho aqui. A comunidade é mais ou menos 85 família tudo é casas flutuante, tem igreja, tem escola, tem luz eletra, tem Sky também, né? Aqui é uma tradição ribeirinha e essa comunidade tem mais ou menos 100 anos. Eu morava em Manaus, vim pra cá e aqui eu gostei e tô aqui, eu trabalho numa cooperativa de turismo no porto da Ceasa, e nóis só montava nossa cooperativa com base em ribeirinha (isso é de cada comunidade. Nós somo vinte e quatro trabalhando por conta do governo federal e nós tamo lá trabalhando, e essa aqui é minha esposa, a Cassiane das Graças Nascimento Maia, 32 ano, e dois filho, Paulo Sérgio, 8 anos, e Paulo Caleb, 2 anos. O Paulo Sérgio não foi à escola hoje porque choveu de manhã e o barco escolar não passou, porque a professora não conseguiu chegar. O barco escolar pega todo mundo.

Eu sou a Cassiana, aqui nós temos a vida normal. Muita gente pensa que, porque é casa flutuante, a gente não tem nada, mas aqui funciona a vida normal, nós temos tudo. Há mais de quarenta anos que minha família mora aqui. Eu cheguei primeiro que o Sérgio nessa comunidade. Tem minha família aqui perto.

Sérgio: A dificuldade aqui é quando tá seco, porque quando tá cheio como as casas é flutuante, o rio vai subindo e as casas vai subindo também, ela sobe junto com o rio, a cheia não é problema pra nóis. Agora quando o rio seca, nóis temo que deixar os barco lá na frente, fica mais difícil para nóis. Nóis fica aqui, então a gente deixa o barco lá na frente e vem a pé pra nossa casa. A gente vem um pedaço por terra, do outro lado da margem, depois a gente pega uma canoinha e vem remando até chegar na parte flutuante. E então, se a gente tem que fazer uma compra nessa época de baixa, a gente tem que caminhar por terra e depois por canoa. Agora a gente inventemo uma barragem, lá na entrada no igarapé, quase a mesma coisa de você fazer uma usina, você bota sacos de areia no fundo e a água sobe e facilita a navegação, a maioria das embarcação fica lá fora antes dessa entrada, e à noite tem um vigia que cuida das embarcação.

Cassiana: As crianças tem vida boa aqui. Desde pequena já pesca e sabe como viver no rio. Eu estou fazendo pedagogia e também trabalho como secretária da escola. Se pintar um concurso, vou fazer e, se Deus ajudar a passar, vou ficar concursada, e vou trabalhar aqui perto de casa. Tem muitos aqui que não têm trabalho e outros atravessa o rio todo dia pra ir trabalhar e estudar como eu. Tem dias que tá chovendo muito, tem temporal, mas fora isso, aqui é tudo perto, tudo próximo, então por tudo isso, pretendo a sonhar muito mais, depois que terminar a pedagogia até o final do ano, eu pretendo fazer uma pós, porque eu quero subir né, em nome de Jesus. É você que tem que pensar assim e pedir a força de Deus e continuar a confiar. Eu estudo em Manaus, educação a distância, mas vou todo sábado. Nesse dia eu pago uma senhora para ficar com eles. Eu acho que se você quer ter um conhecimento, você pede primeiro a ajuda de Deus, a força dele, tudo é difícil, eu ganho pouco, mas tô lutando pra ser melhor, mas graças a Deus tô conseguindo e eu digo pra cada pessoa "se você tem um sonho, lute por ele, e você vai ter sua vitória, se colocar na frente de Deus e você tiver o seu esforço e a gente consegue o que sonha".

Sérgio: Deixo como mensagem o seguinte, tem muita gente que diz assim, a vida de ribeirinho é difícil. Mas, para nós ela não é tão difícil porque depende do nosso esforço, do trabalho. Tem muita gente de fora que vem aqui e diz que Manaus tem muito índio no meio da rua, e hoje a gente mostra que não é assim. Manaus já evoluiu muito. Uma cidade que já desenvolveu e aqui tem muitas empresa e, graças a Deus, gera muito emprego. E a vida é assim mesmo, a gente vai levando a vida como Deus quer e com nosso esforço. Eu creio que cada dia mais tudo aqui vai ser divulgado, nosso trabalho, nossa geração de ribeirinho da nossa comunidade. Hoje tá difícil de viver aí fora, perto daqui na comunidade todos somos uma "família". **E não é como as pessoas pensam, porque nossa cultura já é bem diferente agora.** Nós temo nossa canoa pra andar por aqui na vila e a outra lancha é para a gente fazer o turismo.

Quando retornamos das casas fluviais, Mário fala um pouco sobre alguns monumentos históricos de Manaus: me mostra um dos primeiros prédios pré-fabricados no Brasil. O prédio da Alfândega. Suas peças vieram de Liverpool, na Inglaterra. Sua cor avermelhada não é pintura, mas a cor natural dos tijolos.

O centro velho de Manaus possui 346 anos e foi construído em 1669, uma cidade que nasceu no meio da floresta. De origem portuguesa, chamou-se primeiro Forte São José da Barra, depois Vila da Barra, Vila da Barra do Rio Negro e, finalmente, Manaus. A palavra vem de Manaús ou Manaós, etnia indígena que vivia nessa região e que hoje já não está mais aqui.

Passamos pela Capela Nossa Senhora dos Remédios, construída sobre um antigo cemitério indígena, destruído em 1821.

Fomos também ao Mercado Municipal Adolpho Lisboa, o Mercadão. Mário comentou que esse mercado foi tombado pelo patrimônio histórico nacional. O prédio é dividido em dois estilos: uma parte de alvenaria e outra de ferro. Muito interessante. Dentro a gente encontra uma mistura da cultura amazônica. Quando circulamos pelos corredores do Mercado, encontramos bancas de peixes, frutas das mais diversas, muitas especiarias, ervas medicinais amazônicas, lojas de lembrancinhas, bares, restaurantes.

Esse dia foi gratificante. Mário chamou o carro da empresa dele para me levar de volta ao hotel. Vieram duas pessoas: o motorista e uma mulher, Francisca, também guia autônoma que presta serviços na mesma empresa do Mário. Comentei que gostaria muito de conhecer mais uma família ribeirinha e Francisca imediatamente me disse que conhecia um lugar fantástico.

Ao chegar ao hotel, me coloquei a pensar em como muitas vezes nós achamos que a vida de determinadas pessoas não é boa porque é simples ou porque moram em locais diferentes. Conhecer essas pessoas me fez notar que a felicidade ou o estado de paz e tranquilidade não têm a ver com nossa moradia, mas muito mais com o que pensamos sobre a vida.

Mais à noite, liguei para a Francisca para acertar os detalhes da ida à casa da família ribeirinha, mas logo de cara ficou muito complicado devido aos valores, mais do que eu podia pagar. Negociamos. O valor do barqueiro eu teria que assumir. A ida até a cidade de Iranduba, a duas horas de Manaus, seria com a família da Francisca, no domingo.

No dia seguinte, sábado, fui conhecer uma exposição de fotografias de uma mulher nascida e criada no Amazonas, Dani Cruz. A exposição "Olhar que te olha" me chamou a atenção pela sincronicidade com o que busco em minhas histórias. Dani mergulhou fundo à procura de decifrar o verdadeiro ser humano por trás da aparência. Não a conheci pessoalmente, mas fiquei feliz em conhecer suas fotos. Obrigada, Dani Cruz!

Domingo de manhã. Chega ao hotel um Palio: na frente, o genro e a filha da Francisca; atrás, ela e seus três netos. Entrei e apertadinhos todos ficamos. Após uma hora e meia de viagem, chegamos a Iranduba. A família nos deixou numa prainha e eu e Francisca pegamos o barco para terminar o trajeto. Mais trinta e cinco minutos por entre árvores, plantas diferentes, natureza exuberante, em um braço do rio Amazonas, limpíssimo, águas transparentes. Muitas memórias eu guardei desse lugar, precioso para mim.

A Francisca é uma grande guia turística, uma pessoa maravilhosa. Chegamos, por fim, à vila Acajatuba, na casa de dona Marlene. Uma pessoa admirável. Foi uma honra conhecê-la.

9 – Vila Acajatuba
Dona Marlene Costa
Iranduba – AM *(transcrição)*

"Ensine o básico, ensine não sujar, não jogue o lixo no chão, respeite os mais velhos, isso tudo se perdeu pela falta de amor"

Sou fundadora dessa comunidade, presidente de uma associação de artesãos, sou a segunda secretaria da associação comunitária Nossa Senhora do Perpétuo Socorro que é onde nós estamos.

Morava aqui como ribeirinha com meus pais e meus dois tios. Eram três casas. Com 16 anos sai pra fazer um curso de liderança em Cacau Pereira por meio das missões dos padres da igreja católica. Quando eu vim de lá, já fundei a comunidade e fomos se reunindo e eu falava que viver junto era melhor e mais seguro, pra cada família. Na área do Rio Negro essa foi a primeira comunidade a ser formada. Ela também é conhecida como vila do Corinthians, porque tem um time de futebol aqui com esse nome. Nós temos colégio até o terceiro ano e eu sou gerente da UBS de Acajatuba. Na época, com 16 anos, o povo não era assim tão conhecedor de tanta coisa e mesmo eu sendo uma menina eu fazia muitas coisas com elas, mutirão, pra plantar na roça pra criação de galinha, fazia festa de natal tudo junto. A liderança é algo muito forte. Eles não tinham conhecimento e à medida que eu trazia conhecimento eles gostavam. Eu fui vencendo, vencendo, até que nós construímos 67 famílias. Com 18 anos me casei. Quando eu lembro de tudo que enfrentei pra tudo isso aqui virar uma comunidade, e hoje uma vila, com 67 famílias moradoras, eu gosto muito, é bom, porque você tem amor naquilo que batalhou lá no começo.

Todo político que passa aqui, eles dizem que "alguém não fez, eu vou fazer melhor", mas não falam para nós quais são os seus projetos. Eu vejo isso que os políticos poderiam ouvir as comunidade pra depois fazer os projetos que seja viável para nós. Nós dependemos do visitante, do turista, de visitas. Aqui, se passa um médico e tem uma sacola de remédio, ele deixa aqui para nosso posto; se traz cadernos, ele deixa pra doação da escola. O que é um problema ainda é em relação aos jovens que querem estudar, porque isso ainda não é bom para as famílias. Muitos jovens pedem esse estudo. Outros fazem a continuação dos estudos para o interior, mas ainda é um problema e precisaria de muita liberação, porque aqui é uma reserva. Ainda muito jovem precisei estudar primeiros socorros pra ajudar as pessoas da comunidade que ficaram doentes, então fui para um hospital em Manaus. Aqui eu era o oculista, o ortopedista, o ginecologista, vacina, ser direto, examinar malária. Hoje em dia não preciso mais, nosso PS tem médicos, dentista, tem tudo. Hoje eu trabalho de manhã no OS, mas em função administrativa e à tarde venho pra casa fazer os artesanatos, que eu sou apaixonada. Ah! Eu sou conhecida por todo mundo daqui eles me chamam de doutora Marlene. O pessoal tem muita fé e eu nunca tive medo de socorrer ninguém. Tive seis filhos, hoje estou só com uma em casa. Tenho oito netos, tenho 57 anos e 40 anos juntos eu e meu marido. Hoje, aqui tem *Internet*, mas eu sou mesmo da caneta e do lápis, minha vida é muito ocupada. Eu pretendo deixar uma grande lembrança do meu trabalho e como fundadora dessa comunidade eu desejo que os jovens se inspirem o que a gente deixa no mundo. **Ensine o básico, ensine não sujar, não jogue o lixo, respeite os mais velhos, isso tudo se perdeu pela falta de amor.**

Retornamos no barco e pude observar melhor a paisagem nesse momento, porque o medo de estar no meio de um rio com muitos obstáculos havia passado.

Norte

Gratidão a essa família linda cheia de alegria que me proporcionou essa experiência.

Dia de seguir viagem. Destino: Roraima – Boa vista.

De Manaus a Boa Vista foram mais ou menos 18 horas de ônibus (demoramos muito na barreira para entrar em Roraima). Os federais verificam todos os documentos, numa fiscalização bem rígida. Deu tudo certo, mas nem sempre é assim. Ouvi dizer que tem um momento que não pode trafegar ninguém ao passar por uma reserva indígena, porém nesse dia, talvez devido o horário, o ônibus passou tranquilo. Ufa! Eu estava apreensiva.

Chegamos a Boa Vista. Meu Deus, que calor é esse? Minha pressão caiu e me senti mal, como no Oiapoque. Essa é a capital mais ao norte da linha do Equador de todo o Brasil e a mais distante do Distrito Federal. Essa cidade tem fortes influências europeias e, por isso, a inspiração de forma circular veio das avenidas parisienses. Andando por Boa Vista, a gente chega sempre na Praça do Centro, e lá estão as sedes dos poderes executivo, legislativo e judiciário. Chega-se também a algumas opções culturais, como o Teatro Municipal de Boa Vista, ainda em fase de finalização, à Catedral Diocesana e também a lojas, hotéis e bancos.

Boa Vista situa-se na região centro-oriental do estado. Seus limites são: Pacaraima, ao norte, Normandia, ao nordeste, Bonfim, a leste, Cantá, a sudeste, Mucajaí, a sudoeste, Alto Alegre, a oeste, e Amajari, a noroeste. Seu relevo é plano em quase sua totalidade, com clima tropical e úmido, inverno seco e verão chuvoso. O comércio local é forte, e Boa Vista conserva ainda aspectos de cidade do interior. Ao chegar a Roraima percebi logo que seria difícil andar pela cidade, como faço comumente, ou de ônibus, devido ao calor intenso com sensação térmica superior a 40 graus.

No hotel perguntei por alguém que soubesse coisas da cidade ou histórias de vida para contar. Chamaram o Samir Aggen, pessoa de muitos conhecimentos na cidade, que imediatamente se prontificou a me ajudar. Ele me levou para conhecer Petita Brasil, excêntrica de alma jovem, e Cecy Brasil, serena com alma de dama.

10 – A Roraimense
Cecy Lia Brasil
Boa Vista – RR *(transcrição)*

"... o roraimense é o que nasce, o roraimado é aquele que veio pra ficar e que ama e o roraimeiro, aquele que é aventureiro, rouba, não ama Roraima!"

Meu nome é Cecy Lia Brasil. Sou roraimense. 68 anos, seis filhos e doze netos. Eu nasci aqui nessa casa construída pelo meu pai. A história de Roraima eu acho linda, eu sou historiadora, sou escritora. Essa nossa casa é colonial, feita no século passado, logicamente com a influência portuguesa, porque a nossa, vamos dizer assim, o desbravamento foi feito pelos portugueses. Como estado, nós somos ainda um bebê, fomos criados como estado em 1988, então é muito recente. Agora, como existência geográfica, isso data do século XVI, quando os portugueses viram a necessidade de expandir as terras para a coroa. Então, eles tinham muita facilidade de invasão e realmente o nosso estado é riquíssimo. Aqui tem todos os minérios: cassiterita, urânio, ouro, diamantes, e isso criou uma cobiça muito grande e aí a coroa portuguesa se viu obrigada a construir uma fortaleza, a exemplo de outras que já estavam sendo na Amazônia. Nós pertencíamos ao Amazonas e ele pertencia ao Pará, que pertencia ao Maranhão. Na realidade isso aqui tudo foi terra do Maranhão. Aí houve a divisão do Pará com o Maranhão; depois em 1850, a divisão do Pará com o Amazonas e nós, aqui, Roraima, continuamos a pertencer ao Amazonas e só em 1943 que fomos elevados à categoria de Território Federal. Até que em 1988 fomos elevados a categoria de estado. Hoje nós temos aqui uma belíssima cidade, com 60% dos habitantes do Estado. Estamos aqui lutando hoje como ter uma energia confiável, porque até hoje nós dependemos da Venezuela. Eu acredito que nos próximos quatro ou cinco anos a gente já vai ter essa infraestrutura completa, que é o que está faltando.

Outra coisa importante de ser dita é que cientificamente já está comprovado, inclusive nos livros pelo MEC, que o ponto mais extremo do Brasil é o monte Caburai, que fica no extremo norte do extremo norte do estado, na região de Uiramutã – que por sinal é belíssima. A expressão, a partir de agora, é de Roraima, Monte Caburaí ao Chuí.

Você sabe que a minha família é muito grande, que chegou aqui a mando de Dom Pedro. O meu bisavô foi comandante do forte de São Joaquim. Chegou aqui em 1855 e já veio casado. Ele era do Ceará; a bisavó era gaúcha do Jaguarão e, aqui, eles fizeram a vida e, resumindo, hoje nós somos a oitava família aqui no estado e toda a família nunca saiu daqui. São muitos bisnetos, tataranetos, enfim, é uma família grande que sempre lutou, batalhou por toda nossa cultura, todos foram sempre inseridos politicamente. Essa rua aqui de casa é o nome do meu avô: Bento Brasil. São duas ruas paralelas com nomes da família: a outra rua é Jaime Brasil, meu tio, irmão do meu pai. Para terminar, eu sempre costumo dizer que existem três qualificações de quem nasce ou vive aqui: **o roraimense, que é o que nasce; o roraimado, aquele que veio pra ficar e que ama; e o roraimeiro, aquele que é aventureiro, vem, ganha dinheiro, rouba, políticos, vão embora, não ama Roraima.**

A minha mensagem logicamente para os meus irmãos roraimenses e que sabem o quanto amo e sou conhecida aqui, que eu luto pela nossa cultura, pelos nossos costumes, fazeres, saberes, falares, enfim, para os roraimados que coloquem realmente no coração Roraima, Boa Vista que é uma linda cidade, são todos muito bem-vindos.

No outro dia, Samir me levou à casa da irmã de Cecy, Petita.

11 – Petita
Luiza Carmem Brasil
Boa Vista – RR *(transcrição)*

"Pra mim, velho é aquele que se sente velho"

Luiza Carmem Brasil, 71 anos, em 25 de abril de 1945: Petita! **Pra mim, velho é aquele que se sente velho!** Eu gostaria de dizer: que pena que o brasileiro não conhece o Brasil, esse continente.

Eu conheço o meu país e mais 31 países. Roraima é a maior reserva mineral do mundo, todos os minerais são encontrados no Estado.

Esse estado tem uma reserva mineral maravilhosa, a gente encontra cassiterita, e outros, minha irmã já deve ter falado isso a você. Roraima é um potencial hídrico, tu não tens ideia da biodiversidade que é esse estado. E vejo muito desconhecimento. Na minha leitura, não se concebe a falta de conhecimento do seu próprio país. Fico estarrecida quando vejo algumas pessoas encherem a boca pra falar que conhece outros países e eu pergunto: "Mas você conhece o seu país?" Se eu for dar aqui uma visão geral sobre Roraima, é um elo de muitos temas, passaríamos dias e dias aqui conversando, se eu pegar o seguimento da geologia, da antropologia, tudo dá pra conversar sobre Roraima. Quando eu digo de gente dessa terra, pegaríamos os nativos propriamente dito, e a história diz que quem nasce aqui é macuxi, eu digo que sou macuxi (ó, essa é minha filha e minha neta). Eu moro no paraíso, olha aqui. Cachorro tem, pássaros têm. Ó, essa é mais outra filha, mais outra neta. Aqui é a Jureminha, minha filha. Essa é filha do meu coração, porque é a mãe do meu neto. Aqui tudo é família, são três mulheres e um homem. Tudo aqui é muito rico sabe, tu terias que se dedicar a um estudo mais profundo e tu terias um trabalho só pra Roraima, é necessário realmente que a gente divulgue, não nessa questão apenas dos pontos turísticos, não, até porque a gente iria contribuir muito com a economia em todos os sentidos, então, tu vais encontrar gente, mas, espera aí, o que é Roraima? Até porque não era Roraima era Rio Branco, era o vale do Rio Branco. Isso que me intriga sempre me intrigou, aprender as coisas, e papai me passava toda a sua paixão e o conhecimento...ei! Psiu! Vocês não tão vendo que eu tô com visita e eu tô gravando?... Já estamos na minha linhagem na sétima geração. Aqui moram algumas pessoas, que minha filha desenvolve um trabalho chamado Hangar. E o que ela faz? Ela ajuda, por meio da palavra de Deus, pessoas que tem problemas, aqui eles aprendem serviços. Não temos ajuda de ninguém. Eu fui lá comprei as camas e organizamos a casa para que eles tenham dignidade. O trabalho dela eu acho lindo porque ela tá salvando pessoas com doença da alma. Quero mostrar pra você meu artesanato, e aqui vai ser mais visual. Vou mostrar um trabalho que é feito da folha de Imbaúba. Quero te falar que você esta diante da "primeira biojoia", e tudo com registro, todo o trabalho da escrita, da parte etnográfico, é traçado em tecido indígena, no Brasil. Todo meu trabalho é indígena e rupestre. Aqui é meu atelier, esse lugar é onde faço minhas artes, porque aqui é onde busco minhas inspirações, aqui tu podes delirar porque tem tudo. Vou te mostrar algo em primeira mão que a tinta ainda não secou. Vou pegar pra você bater foto.

Norte

Então, é isso o que eu faço. Esse é um projeto novo, é uma nova concepção.

Essa é uma bailarina que é uma delicadeza, é feita de bucha. Fiz ela sem sair do meu quintal, peguei a bucha aqui mesmo. Eu passei alguns anos pensando em como transformar a bucha em um tecido e consegui.

Venha sonhar comigo

Essa é uma cadeira que eu tive que recolar ela para transformá-la nessa linda cadeira, com o assento em *patchwork*.

Quero mostrar uma coisa pra você antes de encerrarmos e que está dentro da concepção da Hangar que falamos antes. É isso! A imagem fala.

Imagina se eu não iria apoiar minha filha? E eu gosto disso, e esse projeto é da minha filha Yana Jaya Brasil Bueno (terapeuta) e esse é o projeto Hangar Norte.

E isso que você está vendo aqui será nossa horta, cada um deles que mora aqui cuida de uma ponta da estrela, porque eles têm que se localizar, e a Jurema é nossa monitora e é mais do que especial.

Não consegui ficar muitos dias em Roraima, porque estava sentindo o clima muito quente. Fui agraciada com essas duas pessoas que conheci em Boa Vista e com o Samir, que me levou até elas. E segui meu caminho para Porto Velho, Rondônia. Voltei a Manaus de ônibus e, ao chegar à rodoviária, fui direto para o aeroporto, conexão por meio de Brasília.

Fiquei um dia e uma noite viajando. Difícil e cansativo. Ao chegar a Porto Velho segui direto para o hotel. Para minha boa sorte encontrei um hotel com preço ótimo e novo. Nem acreditava. Subi, tomei um banho e dormi até o outro dia.

No outro dia, passeio pelo centro da cidade. Eu já tinha ido a Porto Velho, mas a trabalho com tudo organizado de antemão. Lembrei de que eu tinha uma prima, Lúcia, que morava lá há muitos e muitos anos e pensei em descobrir onde ela morava. Liguei para minha irmã, Giselda, pedindo ajuda. Enquanto ela tentava, lá de Araçatuba (SP), eu movia montanhas (o teclado do celular, no caso). Consegui encontrar José Ernesto, casado com a irmã de Lúcia, Tânia, que moram em Andradina (SP). Mais tarde, consegui falar com Tânia, que me passou o telefone da Lúcia. Já estava no hotel quando consegui falar com ela após três dias.

Não nos víamos há mais de trinta anos. Um anjo na minha vida. Fui almoçar com a família da Lúcia, o Corassa, seu marido, e a filha mais nova, Lívia. Depois, Lúcia me resgatou no hotel e me levou para sua casa, onde fiquei alguns dias.

Foi muito bom! Ali me senti em família de verdade! Na juventude eu e Tânia fomos muito amigas – somos até hoje –, porém não nos vemos muito devido à distância. A outra irmã, Kátia, mora em Santos com sua família e próxima da mãe, Alda, prima de meu pai.

Antes de falar mais da história de Lúcia, vou contar um pouco sobre Porto Velho. Capital da Madeira-Mamoré e cidade das caixas d'água Três Marias, que vinham em módulos metálicos dos Estados Unidos e abasteciam a cidade na época, com capacidade de duzentos mil litros cada uma. Pude vê-las várias vezes por estar hospedada bem próximo. Elas ficam em uma bela praça e são o símbolo da cidade, patrimônio da história de Porto Velho e foram edificadas pelos ingleses. Outro ponto turístico é o Parque Natural Municipal de Porto Velho, fechado para revitalização na época.

Porto Velho se localiza na parte oeste da Região Norte do Brasil, numa área abrangida pela Amazônia Ocidental. Apesar disso, ela está fora do eixo da Amazônia, se situando no vale do rio Madeira, entre a planície Amazônica e o Planalto Central Brasileiro. Possui cachoeiras, corredeiras e dois lagos que se destacam por sua importância ecológica. O clima é tropical e superúmido.

Visitei uma exposição indígena no espaço cultural e, conversando com alguns índios, descobri que em Porto Velho há três grandes reservas: Karitiana, Kaxaraxi e Karipunas. Elas se dedicam à agricultura de arroz, milho, farinha; outros indígenas vivem da extração da castanha e da banana e do artesanato. Outros passeios turísticos são a Estrada de Ferro Madeira-Mamoré, um cenário lindo que já foi até minissérie, a Catedral do Sagrado Coração de Jesus, a primeira máquina vinda para a Amazônia, em 1872, e a locomotiva Coronel Church.

E vamos à história da Lúcia.

12 – Caí na Selva
Lúcia Queiroz da Silva Corassa
Porto Velho – RO *(transcrição)*

"Chegamos nessa terra do norte, distante, pouco povoada, e eu senti que o avião caiu na selva e eu cheguei aqui"

Nós chegamos a Rondônia 3 dias depois da separação dos estados, em 1982, que até janeiro era território. Quando foi fundado esse Estado meu marido foi primeiro e eu não pude ir, estava grávida, e nesse período tive minha primeira filha.

Meu marido veio em janeiro com a ideia de abrir um comércio, um grande comércio, porque em Araçatuba ele tinha um pequeno comércio. Ele viria com o tio dele como sócio. Então a minha história é essa, meu nome é Lúcia tenho 58 anos, vim pra cá, pra Rondônia, com um bebê de 3 meses, com minha filha Camila.

Meu marido veio para conhecer Porto Velho e, no retorno, deu uma pane no avião e eles desceram em Ji Paraná/RO. Ele gostou muito da cidade para onde, em maio, mudamos. Eu recém formada em Odontologia.

Chegamos nessa terra do norte distante, pouco povoada e eu senti que o avião caiu na selva e eu cheguei aqui *(muitos risos).* A gente foi sendo envolvido pelo trabalho, realizando sonhos, ganhando dinheiro – profissionalmente eu já tinha fila de clientes e fui conquistando o que viemos buscar. E a cidade foi crescendo fizemos amigos e eu pensava sempre em voltar para Araçatuba, mas o grande trunfo que tínhamos eram nossos clientes que eram muitos e a gente foi ficando. Eu me sentia uma imigrante dentro do meu país. Gostei muito, foi tudo muito rústico no começo, a cidade, nós não tínhamos carro, a cidade era toda empoeirada, cheia de caminhões e pessoas vindas de todo o Brasil.

Foi muito bom. E até 10 anos eu curti muito a ideia de ter saído de casa pra vir trabalhar num novo lugar. Montei o consultório, foi um sucesso, o Corassa montou uma loja chamada Koxixo Magazine e foi também um sucesso, foi bem motivador. Tive mais um filho, o Vinícius, na primeira década de 1985, e encheu a nossa vida de alegria.

Em 1993 tive mais uma, a Lívia, e, graças a Deus, foi um início muito feliz de vida, cheios de saúde todo mundo.

Trabalhava muito, pra uma hora chegar esse momento de retornar pra Araçatuba, minha cidade de origem, que eu sempre gostei muito.

Fiz bons amigos, me formei, casei lá, embora não tivesse nascido em Araçatuba, mas fui pra lá com seis anos e me vi como gente como pessoa lá e eu carreguei sempre esse sentimento comigo de querer voltar um dia, e assim foram passando os anos. Com o tempo os filhos foram crescendo e saindo de casa, até que minha filha mais velha formou-se em Curitiba, em engenharia química, e veio morar em Porto Velho, onde ela havia passado num concurso da Eletrobrás. Com isso eu acabei vindo para Porto Velho também. Eu comecei lá em Ji Paraná um trabalho muito bonito junto a Pastoral da Criança. Tinha pessoas muito especiais na catedral onde nós frequentávamos e me convidaram. Eu fiquei muito feliz com o convite e fui participar e gostei bastante do trabalho.

Quando eu cheguei aqui em Porto Velho, em 2009, eu me aproximei rapidamente da paróquia Sagrada Família, aqui pertinho de casa, e tinha um grupo bom da pastoral que atuava na comunidade e eu já de cara entrei com tudo naquele trabalho de auxílio das crianças carentes.

E esse trabalho que foi crescendo, desenvolvendo ao longo do tempo e foi preenchendo meus dias aqui de Porto Velho. Ao longo desses oito anos que eu estou aqui muita coisa aconteceu, coisas fortes, incríveis, às vezes um pouco de decepção com as coisas do Brasil, mas sempre firme na fé e na esperança de dias melhores e sempre um desejo forte de voltar para minha terra que é Araçatuba. Acho que fico por essa terra enquanto eu puder trabalhar, eu e meu marido temos planos, sim, de mudarmos uma hora, mas, por enquanto, ainda pé no chão e vamos caminhando, como Cristo pediu estar sempre a caminho. Ele é a minha luz e tô sempre seguindo e acompanhando a luz que vem do alto, que vai iluminando cada dia o meu amanhecer.

Dias maravilhosos passei com minha prima e sua família! Sempre me lembrarei de Lúcia, querida.

Mas tinha de continuar minha jornada para o Acre. Um pedacinho no mapa difícil de chegar.

A locomoção é por via aérea e muito cara, mas pode ser de ônibus também, dependendo do ponto onde você se localiza.

Fui de Porto Velho ao Acre de ônibus – a certa altura pegamos a balsa para atravessar o rio. Logo, é via aérea ou fluvial, pois mesmo os ônibus dependem da travessia do rio para chegar ao Acre.

Ao chegarmos de madrugada na travessia tivemos de descer do ônibus e ir a pé até a balsa, uns 400 metros, por um caminho difícil e cheio de obstáculos. Perigoso mesmo.

O ônibus entra na balsa sem nenhum passageiro. Isso era umas três horas da manhã. Chovia. Andávamos no barro.

Fiquei em alguns momentos com medo, mas estava sempre próxima a alguém. Entramos na balsa no lugar de passageiros.

Ao chegar do outro lado, o ônibus subiu e nós fomos a pé novamente até ele. Mais chuva e barro, com uma subida íngreme e, em alguns momentos, eu cheguei a escorregar e um senhor me apoiou.

O Acre está localizado no sudoeste da região Norte e suas divisas são Amazonas, Rondônia, Bolívia e o Peru.

Um braço no mapa do Brasil, com a sensação de ser quase inatingível, distante de tudo, separado. Fui para o hotel.

Eu tinha o telefone de uma pessoa, tia da Nina, que conheci em Belém (PA). Nina me disse:

— *"Ao chegar a Rio Branco ligue para minha tia que ela é um amor de pessoa, chama-se Glaís".*

Para minha boa sorte, a filha da Glaís, Suelen estava de férias e ambas foram me buscar no dia seguinte para passearmos.

Isso para mim foi um grande aprendizado. As pessoas abrirem suas casas para gente desconhecida em algumas ocasiões e viver experiências diferentes. Essas pessoas também são, de certa forma, aventureiras.

Rio Branco é uma cidade linda. Descobri que o Acre tem apelidos, como Extremo do Brasil, Estado das Seringueiras, Estado do Látex e Extremo Oeste. O clima é quente e úmido.

No Acre, nota-se a presença nordestina – migrantes há muitos anos tentam a sorte por lá. Por essa razão, a comida típica se utiliza de pratos nordestinos, como o pato, o pirarucu, o bobó de camarão, o vatapá, a carne de sol, a macaxeira. O povoamento de Rio Branco se deu por essa razão, a chegada dos nordestinos no ciclo da borracha.

Quando terminamos nosso passeio, Glaís me convidou para ficar em sua casa. Disse-me que mora sozinha e teria um quarto para mim. Passei alguns dias lá na casa da Glaís.

Pessoa fantástica e acolhedora. Passeamos muito com a Suelen, que me levou a museus diversos, ao Palácio Rio Branco, ao Mercado Velho, à Biblioteca da Floresta, à Biblioteca Pública Estadual do Acre, à Praça da Revolução, ao Memorial dos Autonomistas e em lugares bons para comer.

Foram dias de muita atividade, prazer e alegria.

Que gente boa é essa?

Glaís me disse que gostaria de contar uma história dela, uma passagem de sua vida – nela eu faço um apontamento sobre sua sobrinha, Nina, de Belém do Pará. Permitam-me voltar um pouco no tempo para explicar melhor.

Em Belém do Pará conheci a Nina, proprietária de um boteco famoso, ganhador de vários prêmios, quando entrei para almoçar.

Pedi uma cervejinha e Nina veio me recepcionar e me disse que eu era bem-vinda na reinauguração do bar. No final, tinha até que dar nota. Almocei deliciosamente e minha nota foi 10!

Está em Belém? Visite o Boteco da Nina.

13 – Esperança Renovada
Glaís Holanda da Silva
Rio Branco – AC *(transcrição)*

"Apenas uma vai te acompanhar"

Meu nome é Glaís Holanda da Silva, sou aqui do Rio Branco, 62 anos e nasci dia 19 de março de 1951. Hoje, eu teria 65 anos, mas isso é história de documento, tenho mesmo 62. Você sabe que há 15 anos meu irmão me chamou para entregar uns papéis e que eu devia abrir só quando chegasse à minha casa, então quando cheguei eu fui ler a carta, mas eu não conseguia ler quase nada, mas na primeira frase que consegui ler falava assim: "mudança de rotina de vida", e o restante eu não conseguia ler mais. E, na segunda página, falava assim: "apenas um" e virei para a terceira página, "desestruturação na família", e eu fiquei surpresa e pensei: "Meu Deus, o que é isso"?

Venha sonhar comigo

Mudança na rotina de vida? Dali 20 dias meu marido chegou de viagem e me disse: "Olha, Glaís, eu tenho que ir trabalhar no Amapá - Macapá".

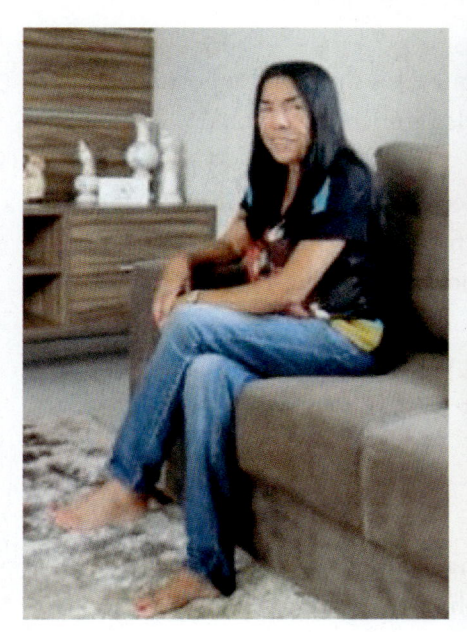

As filhas mais velhas falaram que não iriam. E ficou somente a Kelly, que é a menor, então, **"apenas uma vai te acompanhar"**. Quer dizer que tudo que havia recebido pelo meu irmão, que era do Santo Daime, estava acontecendo.

Eu tinha vontade de ir lá pra saber hoje como está minha vida. Estou te contando isso, porque aconteceu um problema na minha vida recentemente que está me causando tristeza e eu gostaria de saber se vai melhorar.

Sou casada há 40 anos e temos três filhas maravilhosas e esse casamento está em crise. Nesse momento, meu marido está fora de casa e estou me sentindo mal e agoniada. Mas estamos indo em uma psicóloga para tentarmos resgatar nosso casamento. Lá eu vou num dia e ele no outro dia. Eu desejo que dê certo, desejo que possamos viajar e passear. Eu sou uma pessoa ativa, gosto de construir casas, vender e faço tudo bem feito.

E vejo uma qualidade nele que é ser simples. Eu gosto dele, e quero que ele volte, sei que ele também quer voltar.

Desde que ele saiu de casa eu tomo até remédio para dormir. Após isso, minha família ficou desestruturada, a psicóloga irá chamar as filhas para conversar também.

Era isso que queria te dizer, você já imaginou uma mulher com quarenta anos de casada passar por essa situação, se o casal vai ficar junto ou não?

Quantos casais, Ana Laura, devem passar por isso, não é mesmo? Quero resgatar minha alegria de viver, estou consciente do que é certo para minha família, resgatar a união das filhas com a gente. Para mim o grande valor da minha vida é a união da família. Esse desabafo talvez sirva para alguém que esteja lendo essa pequena história. E eu digo para os casais se cuidarem. Aceitarem fazer um tratamento de orientação, que tem sido muito bom para mim e sei que para ele também.

Mas, Ana Laura, vou mudar um pouco o assunto. Quero lhe mostrar uma coisa que guardo comigo e que não tem a ver com essa história, mas é algo importante.

É essa moeda do José Castro Plácido, o libertador do Acre, de 1902-1952, pelo Cinquentenário da Revolução Acreana em 06 de Agosto. Ela é de bronze e pertencia ao meu avô, Alvino Paulino da Silva. Ganhei dele.

Venha sonhar comigo

Essa moeda representa um valor histórico e cultural. Ele foi um comandante na Revolução Acreana e lutou para que o Acre fosse do Brasil. Essa peça que você está vendo tem muito significado para o povo acreano, assim como meu avô! E eu encerro essa minha pequena história, de grande importância para mim.

Hoje, dia 22 de novembro de 2016, recebi a notícia que Glaís está feliz com seu marido de volta ao lar! E que as coisas estão se ajeitando.

Ainda na casa da Glaís, minha amiga Cidinha, de Araçatuba, me ligou e disse para eu procurar sua prima que mora em Rio Branco. Liguei para Juçara e, imediatamente, combinamos um almoço em sua casa, com suas duas filhas.

Obrigada, Juçara, pelo convite feito com tanto carinho.

Ao retornar para a casa da Glaís, ela me disse que gostaria que eu conhecesse uma pessoa muito respeitada na cidade pelo trabalho que desenvolve com os "isolados da mata". Glaís a convidou para que fosse em sua casa, e nós conversamos no outro dia. Uma história impactante que me fez chorar de horror e emoção.

14 – O Tijolinho
Celene Maria Prado
Rio Branco – AC

"Os ratos roeram os pacientes; eu via as marcas dos dentes na pele deles"

Eu tenho duas filhas, sou casada, enfermeira e tenho muita honra de ser formada pela Universidade Federal do Acre.

No início da minha vida acadêmica, eu nem tinha ainda esse meu lado humano, mas eu já sabia que, por parte do meu pai, a minha família era solidária e já via isso na minha avó, mãe do meu pai, e no meu pai também, e minha mãe tinha isso muito bem desenvolvido.

Tanto que eu fiquei em dúvida muitas vezes, porque eu tinha esse lado de me envolver com os pacientes e eu tomava aqueles problemas para mim. E já fui ajudando alguns pacientes. Tenho a memória disso, de sentir aquela dor junto com eles, de ir à casa deles.

Eu me formei, comecei a trabalhar e por coincidência o meu primeiro plantão como enfermeira formada foi com pacientes sequelados com hanseníase (lepra).

Era um pavilhão que só tinha esse tipo de pacientes, só entravam os doentes com problemas desse tipo e outros paciente que estavam fazendo tratamento.

Ninguém queria assumir um pavilhão assim, e me foi lançado o desafio de cuidar deles. Eu fiquei preocupada, porque era muito nova, mas eu fui. E chegando lá, já me identifiquei com o setor, apesar do medo de fazer esse enfrentamento.

Aos poucos fui tentando fazer a sistematização da assistência, cuidando com mais carinho, mais amor. Eu tive um impacto muito forte no começo porque geralmente os pacientes de hanseníase naquele pavilhão são muito sequelados. Uns não têm os dedos das mãos, outros, falta a perna, outros falta o pé, outros já perderam os 10 dedos das duas mãos e são muito sofridos.

Quando eu fui pra lá, eu estudei muito sobre hanseníase. É uma doença que precisa ter muito cuidado, que prolifera onde tem muita gente, mas não é tão fácil pegar e eu já fui pra lá sabendo que eu ia numa missão, mas que eu não iria pegar. E assim trabalhei nessa unidade por uns três anos.

Uma experiência me marcou profundamente assim que cheguei ao hospital no início.

Os ratos roerem os pacientes. Isso foi em 1993 e me marcou demais. Quando eu chegava no plantão os pacientes estavam chorando, e eu chegava de manhã e via os lugares no corpo deles onde os ratos roíam, como mão, pescoço e perna. **Eu via os dentes dos ratos na pele deles.** Aquilo me indignou, eu ficava muito indignada com aquilo. Alguém tinha que gritar por esses pacientes e eu resolvi gritar por eles. E continuava a insistir todos os dias na administração e dizia que alguém tinha que fazer alguma coisa. Eu e outra enfermeira íamos para um orelhão e a gente fazia denúncia nos canais de comunicação nos orelhões. Com essa denúncia, chegou aos ouvidos do governador e ele veio.

Enquanto isso eu chamei as técnicas e dei um cabo de vassoura para cada uma. Aí uma ficava andando com o cabo de vassoura nas enfermarias até uma hora da manhã, e a outra até de manhã, para não deixar mais os ratos roerem os pacientes até fazer a desratização.

Eu fiz o que eu podia fazer enquanto ser humano.

Agora vou falar das coisas boas. A gente ia para um camelódromo que vendia rádios, porque todos gostavam de ter um radinho para ouvir e eu colocava dois ou três pacientes no meu carro para comprarmos os rádios.

E eu recebi muitas cartas deles todos quando iam embora, porque a maioria deles é de fora: Cruzeiro do Sul, Porto Walter,

Lábrea e Mâncio Lima. E eles enviavam cartas para mim e eu para eles, até outro dia mesmo eu tinha muitas cartas guardadas.

Minha mãe me ensinou uma coisa muito importante, ela dizia: "Minha filha, quando você não pode fazer por todo mundo que está ao seu redor e não pode fazer diferente, faça você a diferença". Eu fui trabalhar em outras clínicas e sempre me coloquei no lugar do meu próximo, porque isso foi minha mãe, dona Raimunda que me ensinou.

Aí conheci o Dr. Tião, infectologista. Ele me chamou em 1997 e perguntou se eu gostaria de fazer um trabalho voluntário. "Como é isso?", perguntei a ele. Ele disse que é um trabalho que nós vamos fazer no Mâncio Lima, levar alguns médicos para fazer atendimentos fora do domicílio.

Aí eu vim pra casa e conversei com meu marido, com minha mãe e eles me incentivaram. Eu tinha um pouco de receio de aviãozinho. Só que eu não sabia que dentro dessa Celene tinha um espírito aventureiro e descobri isso nessa época e eu disse ao Doutor que topava ir.

Era só eu de mulher dentro desse avião da FAB com bem uns oito homens. Aí eu fui e perguntei para um dos copilotos: "Nós vamos demorar quantos minutos para chegar lá?" E ele disse: "uns 40 minutos". E eu já fui logo rezando e pedindo a Deus. E aí passou 40 minutos, passou 50 minutos, 1 hora e nada deles encontrarem a cidade. Aí eu já vi todo mundo se mexendo, se ajeitando na cadeira dentro do avião. E eu vi quando eles abriram o mapa – eram dois pilotando e dois de ajuda. E eles falaram para não se preocupar que era porque não tinha pista e eles estavam encontrando um local para descer. A gente avistou a cidade e eles pediram para gente se preparar, que o avião vai descer.

Quando ia descer o avião arremete, sobe de novo. Até que na quarta tentativa ele conseguiu descer. Os médicos estavam tudo branco, sem um pingo de sangue no rosto e eu também.

A gente desceu. E as pessoas que estavam nos esperando iam levando a gente para os locais.

Nunca vi tanta gente na minha vida! Porque a gente não tinha noção do que seria. Eu fui com minha mochilinha e meu material de enfermagem que é caneta, um garrote, e borracha e lápis eu ainda levei meu termômetro e meu aparelho de pressão. Aí eu comecei a identificar o que as pessoas queriam.

Enquanto isso o avião já tinha ido buscar os outros médicos. O total da equipe foram 30 pessoas. Médicos, dentistas e só duas enfermeiras. Nós fomos atendendo e já tinha um local lá para entrega dos remédios.

Foram dois dias de atendimento o dia todo. Isso aconteceu em julho de 1997. Aí minha mãe morreu e eu fiquei muito abalada, transtornada, e passei o ano de 1998 desse jeito.

Em 1999, nós fizemos quatro ações voluntárias. Cada viagem dessa é algo novo e transformador, você percebe o quanto que as pessoas precisam e como é que elas vivem tão isoladas e são tão felizes?

Eu sempre me faço essa pergunta. Eu já passei oito dias no rio, subi o rio Muru e a gente pegava as mães com oito, dez filhos e eu perguntava: "O que é que vocês esperam? E o futuro dos seus filhos?" E elas diziam: "Minha filha, eu espero que eles cresçam para poder ajudar o pai deles na lida". E eu dizia assim: "Meu Deus, eu espero que minhas filhas se formem e eu gostaria que fossem médicas, mas nenhuma das duas quis, e essa mulher querendo que os filhos cresçam para poder ajudar o pai na lida e a gente quer que os filhos estudem". E eu pensava: "como os sonhos são diferentes".

Então, para mim, que faço isso há 16 anos, e inclusive um jornalista me entrevistou há uns dois meses e eu disse a ele que no dia que eu parar de me colocar no lugar do meu próximo, parar de sentir a dor do próximo, eu não quero mais ser enfermeira, para mim a vida não vai mais valer a pena, eu sempre quero ter esse sentimento, então eu fico pensando: "poxa vida, porque será que eu já estou há 16 anos coordenando esse projeto"?

Eu fiz minha parte e ainda faço, me confiaram esse trabalho e eu também tenho que agradecer, porque tudo que fiz e só estou onde estou porque recebi a confiança deles e já mudou várias vezes o governo e até hoje não fui trocada! Talvez eles recebam alguma reclamação de mim porque sou muito exigente e as pessoas não gostam muito, mas tenho certeza de que tenho mais coisas boas do que ruins. Tenho que agradecer ao doutor Tião, que hoje ele é governador, ele é aquele que pediu pra eu ser voluntária e que durante três anos trabalhei assim até que ele foi senador na época e criou todo esse projeto. Minha gratidão, porque ele me deu uma oportunidade e eu soube abraçá-la.

Ao encerrar a história nos abraçamos e eu tive um sentimento profundo de gratidão por ter conhecido essa pessoa generosa. Também pela Glaís, por tê-la me apresentado.
Dia de ir embora e a Juçara veio me buscar. Nos despedimos com um abraço carinhoso.
Retornei a Porto Velho e dormi mais uma noite na casa de Lúcia. Lívia, filha da minha prima, foi me buscar na rodoviária.

Eis que a Roda do Meu Destino muda para Cuiabá (MT)! Precisei modificar meu trajeto (faltava apenas o Tocantins) para atender uma irmã, que necessitava da minha companhia.

Ela faria uma cirurgia no cérebro, mas, para o bem dela e de todos nós, a operação não precisou ser realizada. Ela está ótima.

No entanto, para encerrarmos a Região Norte, vou contar minha passagem pelo Tocantins.

Tocantins é um estado do Brasil que foi desmembrado de Goiás em 1988. Sua capital é Palmas e fica à direita do Rio Tocantins.

Faz divisa com Maranhão, Goiás, Piauí, Bahia, Mato Grosso e Pará. Tocantins possui um relevo com depressões.

Conheci a Chapada do Parque Nacional dos Veadeiros, de uma beleza estonteante. Esse estado é repleto de coisas diferentes e lindas, como o Espigão do Mestre, que fica a leste.

O relevo é cerrado na maior parte, mas tem alguns trechos de floresta tropical.

O estado produz arroz, milho, soja, cana de açúcar, mandioca. A pecuária é também significativa.

Vi pela cidade de Palmas e nas rodovias muitas caminhonetes (foi a cidade em que mais presenciei esse meio de locomoção). O estado ainda possui indústrias e diversos tipos de jazidas.

Dei uma volta pela capital e, em um dos pontos desse passeio, deparei com dois jovens trabalhadores pescando. Eu me aproximei do píer nessa lagoa e perguntei sorrindo:

– Aqui em Palmas se pesca com roupa de escritório?

O Alex respondeu que estavam estressados e vieram para relaxar. Ele e seu amigo Ângelo são incríveis e me diverti muito com eles.

Tomamos cervejinha, ficamos mais um tempo na lagoa e me convidaram para sair à noite em um lugar bem bacana.

Venha sonhar comigo

Conheci a praia da Graciosa, o parque Cesamar, a Praça dos Girassóis, o Museu Histórico do Tocantins, o Palácio Araguaia, o Memorial Coluna Prestes. As avenidas são parecidas com as de Brasília, largas e enormes. Não é possível andar a pé. Precisa de ônibus, carro ou táxi. O calor, imenso. Fiquei pouco tempo em Palmas, e segui adiante para Natividade, ainda Tocantins. Natividade é uma cidade histórica, chamada antigamente de Arraial de São Luís. Localizada no topo da serra de Natividade, é a mais antiga cidade urbana do Tocantins.

Seu centro histórico possui inúmeros imóveis maravilhosos, tombados pelo Patrimônio Histórico Nacional, e são de época da mineração e da pecuária.

Visitei o Museu de História de Natividade, as Ruínas da Igreja de Nossa Senhora do Rosário dos Pretos, caminhei pela cidade histórica e conheci um ourives que faz uma joia chamada Coração de Natividade. Os ourives de Natividade aprenderam esse ofício com o Mestre Juvenal, e são ofertadas oportunidades para os meninos carentes da comunidade que fazem o Coração de filigranas de ouro. Essa dica quem me deu foi Paulo Brito, historiador, doutor em História e antropologia, que viajava no ônibus ao meu lado.

Conheci o Amor Perfeito, espécie de sequilho que derrete, ao ser colocado na boca. É feito por tia Naninha.

O guia que contratei levou-me em uma comunidade quilombola distante uns 40 quilômetros de Natividade. Foi emocionante conhecê-los, em especial o senhor Balbino.

15 – Quilombolas
Comunidade Redenção
Natividade – TO

"O homem destrói o que ele mesmo constrói"

Essa história eu, Ana Laura, conto.

Conseguir um guia que também é fotógrafo, Flávio, que me levou com o taxista até a comunidade quilombola. A estrada era bem ruim e chovia muito. Poças imensas d'água se formavam ao longo dessa estrada estreita e longa. "Vamos encalhar", pensava.

Não atolamos e chegamos à comunidade Redenção, em Natividade. Logo o Flávio me apresentou ao senhor Balbino. Homem simples, sorridente, acolhedor. Pedi se poderíamos conversar e visitar algumas casas. Ele disse que sim.

O senhor Balbino nos convidou a conhecer sua casa. Ele chegou a um cômodo de orações, próprias de sua cultura. Um lugar simples, repleto de santos, fitas, pequenos arcos coloridos, flores artificiais, velas, garrafadas diversas, panos coloridos com símbolos, muitas pombas, papéis coloridos no teto.

Era uma postura de respeito e sinceridade. Fiquei emocionada ao ver o cuidado que ele tinha e a influência exercida na sua comunidade.

Um homem branco que se casou com uma mulher quilombola e, a partir daí, passou a ser o líder do local. O que me impressionou foi a noção dele sobre a política e cidadania. Ele diz que trabalhou muito na terra e quando ficou velho não teve com o que viver (aposentadoria), disse que "nesse país não tem justiça", comenta que a maioria do povo do Brasil tem uma falta de respeito muito grande pelo seu país, que "o homem destrói o que ele mesmo constrói".

Isso é muito triste, diz ele. "Penso nas mulheres sofridas do Brasil, que são judiadas, que não precisava ser assim. Essas meninas de menor estão sofrendo muito, são pegas pelos homens que se dizem de bem e judiam delas. Mas eu digo que a gente tem que confiar em Deus e que um dia o Brasil seja um país melhor, porque nós temos de tudo aqui, tudo de bom, é só os governantes dar uma pequena ajuda e a gente vai fazer tudo de bom, já fazemos o que temos condições, mas muita coisa não depende de nós, que vivemos isolados."

Após falar e desabafar, abençoou-me de acordo com suas orações. Foi muito bom. Senti algo tão sincero e puro que realmente fiquei abençoada por aquela pessoa simples.

Em muitos lugares pelos quais passei havia essa mistura, tudo misturado e junto, o caboclo passando seus medicamentos naturais da região, o padre buscando pessoas para batizar e aprender sobre a bíblia, o pastor incentivando as pessoas a resistirem às drogas, e assim essas religiões e outras coexistem sem que as pessoas se sintam ofendidas. Todos participando e harmonizando tudo. Ao sairmos da casa do senhor Balbino, ele nos levou na casa de seu filho para conversarmos com a nora dele, Rosilda, de 39 anos, e depois quando o filho chegasse também com ele.

Rosilda, uma moça muito bonita, com os cabelos arrumados com muitas trancinhas parecidas e um sorriso tímido.

Mostrou o que planta: pimenta, alfavaca, cebolinha, mandioca, outras plantas para tempero dentro de vasos, jardineiras e canteiros, porque a terra não é fértil e água não tem o suficiente. Alguns pés de frutas, como a romã, que eles utilizam de diversas maneiras, inclusive para chás e sucos. Rosilda têm quatro filhos – dois já estão na faculdade em Goiânia. Ela contou que antes não tinha energia elétrica na comunidade, eram lamparinas. Comentou que hoje quando falta energia por causa de temporal, ela se pergunta como conseguiu "viver tanto tempo na escuridão".

"Hoje aqui ficou difícil de cuidar da terra porque o capim tomou conta. A gente tira e ele volta com mais força, com isso nós temos dificuldades para plantar. A gente cria galinha e esse é um dos nossos pratos principais. Os homens do governo vêm aqui quando tem eleições, prometem, mas não cumprem. Nossa água aqui não é potável, não é tratada, temos dois tonéis que o governo deu para todas as comunidades, enormes, dezesseis mil litros, então os dois fazem trinta e dois mil litros de água e a função deles é para captar água da chuva e é mais que o suficiente, mas não é água para beber. Esse projeto chama água para todos".

Rosilda disse que eles bebem e o corpo já acostumou.

Perguntei a ela se a água poderia ser fervida para beber. Ela disse que sim, mas que não faziam isso e já acostumaram. Nesse momento chegou o filho do senhor Balbino, marido da Rosilda, e a mãe dela, dona Maura. Uma senhora também com um lindo rosto. Ela comentou que o lugar onde moram existe há mais de 100 anos, porque eles são descendentes de escravos: o bisavô do seu marido ficou sendo dono daquelas terras conseguidas na época da libertação. E aí ficou a comunidade. Perguntei onde estavam as crianças e se tinham. Ela respondeu que estavam na escola, o ônibus vem buscar, mas não dentro da comunidade e sim a alguns quilômetros dali, mesmo debaixo de chuva. A mãe da Rosilda contou que ficou viúva há sete anos, ela teve dez filhos, mas hoje tem só cinco. Moram tudo ali pertinho e quando ela fica doente o genro a leva ao médico e paga a consulta. Dona Maura diz que na comunidade tem um senhor de mais de cem anos, mas ele não se lembra de mais nada. O Valdivino, filho do senhor Balbino, marido da Rosilda, entra na nossa roda de conversa e diz que nessa comunidade foi feita uma pesquisa por historiadores para ser registrada a descendência dos quilombolas. "Nessa época nós recebemos assistência técnica para plantarmos a mandioca e a banana", diz Valdivino. "Temos pedido para o governo aumentar um pouco as terras, mas tá difícil. Antigamente a palavra valia uma escrita, então a gente plantava e tinha de tudo. Hoje o papel é que vale. Na nossa comunidade ainda a maior parte dos quilombolas são analfabetos. Hoje a gente ainda faz a farinha de mandioca. A gente não vê a cara do dinheiro porque trocamos por objetos e coisas que precisamos aqui para a comunidade. Isso é muito pouco hoje, não é mais como antes, pela falta de água. A senhora sabe que eu fiz uma música aqui dos quilombolas bem bonita e veio um compositor aqui e levou minha música e eu não a copiei aqui e aí perdi, ficou pra ele. Então é assim, a gente é simples, somos trabalhadores, lutamos ainda sem muito sucesso e vamos tocando a vida."

Despedimos deles com muita emoção. Meu coração chorou com a vontade de poder fazer algo por eles. E esse sentimento me acompanhou pelas "estradas da vida" inúmeras vezes.

Retornamos para a cidade levando conosco até certo ponto três crianças que iam para a escola. Quando pude notar o quanto andamos de carro e o tempo que levamos fiquei arrasada de ver o caminho que era percorrido por elas debaixo de sol de rachar ou de chuva todos os dias para irem à escola.

Em seguida, Flávio perguntou se eu gostaria de conhecer dona Romana. Vamos conhecê-la agora.

16 – O Eixo da Terra
Dona Romana
Natividade – TO

*"Quando você tem que romper, vêm as águas pra
te levar e você vai pro lugar certo"*

Essa é uma senhora aqui de Natividade com um cunho místico, respeitada na localidade e em sua região. Flávio me levou até lá e, assim como nos quilombolas, fomos sem avisar.

Eu não sabia se ela me receberia, mas, felizmente, recebeu-me com um sorriso no rosto e tratou-me com carinho. Nem sempre é assim, segundo os moradores daqui.

Uma curiosidade é que logo no portal de entrada tínhamos que seguir sempre a caminhada pelo lado esquerdo até entrar na casa, seguindo o movimento do relógio, e no retorno a mesma coisa. Flávio me orientou a não tocar nas pedras, pois elas contêm energia e muitas pessoas já sentiram choques.

Ao entrarmos, dona Romana contou que em janeiro de 1990, já com certa idade começou toda essa atividade e criou o Centro de Bom Jesus de Nazaré, lugar místico. Diz estar com 75 anos.

O pai era ferreiro e a mãe, dona de casa, que cuidou dos filhos. dona Romana comentou que sofreu muito tempo para entender sua missão e, em 1974, começou a ter muitas visões. A família a tirou de sua casa em 1977 e a levou para uma fazenda retirada. Ela achou que seria para trabalhar na roça, mas, quando chegou lá, foi para "mexer com gente" e eram tantos que ficou sem limites. Não dormia nem de dia, nem de noite. Só chorava e ficava na beira dos "córgos" (córregos), deitada.

Durante alguns meses, ela, o irmão e outra moça passaram riscando no chão com uma varinha, ato que virou esculturas – as primeiras eram feitas nos papéis, depois vieram os arames e as pedras. Esse fundamento é espiritual e seu objetivo é firmar o grande eixo da terra, que inclinou há muito tempo, segundo ela. "Minha filha eu sou uma criatura que não sei nada. Não sei ler, não sei escrever, e eu vou aprendendo essas coisas com 'eles'. Agora, tem coisas que cê me pergunta e eu não sei falar (mais risos). **Quando você tem que romper, vêm as águas pra te levar e você vai pro lugar certo**, e tem gente que vem pela dor e outros vêm pelo amor."

Dona Romana me pergunta se eu quero conhecer o galpão onde ela guarda as provisões para o futuro, quando a terra se levantar, e que o Tocantins é um dos lugares que estarão pronto para receber pessoas de todos os lugares, procurando por alimento, água, roupa. "Muita gente viverá, para dar início a um novo mundo." Ela abre uma porta enorme com uma chave imensa, dessas que não se vê mais. Entramos e pude ver garrafas *pet* de água aos milhares, camburões cheios de sementes, sacos enormes de roupas.

Ela não conseguiu nomear as esculturas e seus significados, mas disse que tudo possui um significado. Em sua casa, não há eletricidade. Ela tem nos cômodos referências espirituais, como pequenos santuários. No YouTube tem alguns vídeos de dona Romana, basta procurar por dona Romana de Natividade - Tocantins.

Nesta história e na dos quilombolas, contei com a ajuda de revisão de Simone Camelo Araújo, de Natividade.

Vamos, agora, viajar mais um pouco.
Desta vez, rumo ao Centro-Oeste do Brasil!

Centro-Oeste

Mato Grosso, Mato Grosso do Sul,
Goiás e Distrito Federal

De todas as regiões que visitei, somente o Centro-Oeste não tem acesso ao mar. É a segunda maior região do país em extensão territorial e a menos populosa. Faz fronteira com a Bolívia e o Paraguai. E é aqui que encontramos o Pantanal Mato-grossense, a maior planície úmida do mundo, cujas características formaram um ecossistema único (com várias espécies ameaçadas de extinção e animais que não se encontram em outro lugar do planeta).

Nessa região o clima apresenta chuvas no verão, exceto no estado do Mato Grosso, que possui um comportamento climático mais próximo da Amazônia. O Centro-Oeste sofre com a baixa umidade em boa parte do ano. A temperatura média é de trinta graus, mas quando estive em Cuiabá beirava os 38 graus.

No Centro-Oeste encontramos as chapadas dos Veadeiros (que fui conhecer) e a dos Parecis. O relevo é composto pelos planaltos Central e Meridional e pela Planície do Pantanal. Entre planaltos e planícies que andei, vi áreas alagadas, que são sempre assim, formando os pântanos, e vi também áreas imensas a perder de vista de plantações diversas como: soja, milho, arroz e outras culturas de grãos (entendi porque a região Centro-Oeste é chamada de o Celeiro do Brasil). Conversei com muitos moradores da área urbana e de comunidades.

Cheguei a Cuiabá, capital do Mato Grosso, e fui direto para o hotel descansar. Nos dias seguintes, fui conhecer a Chapada dos Guimarães e o pantanal mato-grossense. Ao chegar à agência de viagem, conheci algumas pessoas e, aos poucos, fizemos amizade e passamos o dia todo juntos.

Fomos ao pantanal e fiquei impressionada com a natureza de mata fechada e inúmeros animais silvestres. As aves foram minha preferência: imponentes, bicudas, altas, pequenas, todas as cores, principalmente as azuis e vermelhas alegraram meus olhos. É tudo vivo! Dependendo da hora mudam-se os animais, a fauna se modifica. O tuiuiú, símbolo do pantanal, é muito interessante, se parece com uma cegonha gigante (as que eu vi tinham cores amareladas/creme com preto e o gogó vermelho). A arara-azul é linda, toda refinada; a vermelha possui cores vivas, numa mistura de azul com um pouco de verde. A famosa seriema, com seu canto alto, mostrando que está presente na mata. O tucano também tem beleza e postura que impõe sua presença. Tantos outros animais vimos, magníficos e majestosos.

No outro dia, a Chapada dos Guimarães. Indescritível! Passamos por pequenos rios, cachoeiras diversas, conhecemos uma pequena parte do Complexo Turístico da Salgadeira. Do alto da serra tivemos noção da grandiosidade da chapada e, ao deparar com tamanha perfeição, meditamos. Ficamos ali, sentados no alto da serra observando a natureza, sem dizer uma palavra.

Esses novos amigos formavam o grupo de estrangeiros. Todos, de alguma maneira, falavam um pouco do português. A percepção deles sobre o Brasil me preenchia de um sentimento de satisfação e alegria.

E assim vou fazendo amigos por esse Brasil. Quando eu me despeço das pessoas, tenho um jeito de falar que é hábito meu: "Tchau, tudo de bom pra você!" A colombiana ficou admirada com essa frase e me disse que, daquele dia em diante, usaria isso para se despedir das pessoas, desejando tudo de bom para elas. Na volta, fui conversando com o motorista em busca de histórias e ele me indicou o Rubinho da Guia. Meus novos amigos quiseram ir comigo até a comunidade para conhecê-lo. Quem nos levou foi o senhor José Pereira, pai do Rubinho, taxista de um hotel de luxo lá em Cuiabá. E lá fomos todos passear e conhecer a Vila Nossa Senhora da Guia.

17 – De sucata a comunidade
Rubens Dias da Silva
Cuiabá-MT *(transcrição)*

"Sabe, na minha opinião, nós somos um ser político por natureza"

Meu nome é Rubens Dias da Silva, mas sou conhecido aqui como Rubinho da Guia. Tenho 46 anos, sou pessoa com deficiência física desde um ano de idade, mas nunca fui aposentado, nunca recebi um "cruzeiro" do INSS. Sempre trabalhei, estudei, me formei, fiz pós-graduações, então tenho vinte anos hoje de funcionário da Secretaria Municipal de Saúde de Cuiabá, e há 20 anos moro no distrito da Guia. Um distrito que há pesso que dizem seja o mais antigo de Cuiabá.

Quando eu cheguei aqui nessa comunidade da Guia, não tinha asfalto, não tinha polícia militar, não tinha ação de tratamento de água, a gente bebia a água que vinha direto do rio. Depois que eu vim pra cá, foi uma luta nossa aqui da comunidade. Temos estação de tratamento de água, bebemos uma água hoje que é tratada, foi tudo encabeçado por mim, junto com a comunidade. Hoje estou como presidente da Associação dos Moradores aqui do Distrito. Temos também um miniestádio de futebol, uma praça que é uma das mais modernas até de Cuiabá, feita com padrão de praça moderna, com academia e nessa época eu estava como representante desse distrito e como parte dessa instalação da fábrica da Votorantim Cimentos eu fui destacado pelo governador como representante para ver o que a fábrica da Votorantim poderia nos auxiliar e eu pude elencar no meio de tantos problemas, duas prioridades que conquistamos. Uma é a saúde da Guia que era um caos, que a Votorantim trocou todo o equipamento; e a outra é a praça, conforme comentei. Tudo ficou revitalizado, novo. Para acontecer tudo isso, passamos por muitas dificuldades, exemplo, construímos o destacamento da polícia militar aqui na comunidade. Os empresários doaram os materiais de construção e a mão de obra foi nossa, da comunidade. Outras coisas era a ambulância, porque aqui fica há 30 quilômetros de Cuiabá e tem uma população muito carente. Temos hoje uma ambulância, mas não temos o motorista. Então é isso, sempre brigando para uma melhora na qualidade de vida. Eu sou formado em gestão pública, fiz pós-graduação em recursos humanos e depois fiz mais quatro pós graduações na área de saúde. Já administrei órgãos em Cuiabá como o Centro de Administração Médica de Cuiabá que é o único de Mato Grosso, tinha 52 médicos e eu era o coordenador e nós atendíamos não só a população de Cuiabá como do estado inteiro. Com relação à minha deficiência, eu sou assim desde um ano de idade. Graças a Deus eu não tive muita dificuldade não, tive que aprender a ser independente. Antes eu usava prótese nas pernas e muleta, mas há uns dez anos atrás eu sofri um acidente de carro e quebrei as duas pernas. Eu tive que vir pra cadeira de rodas. Mesmo assim eu continuo o meu trabalho, a minha vida, dirijo, porque a vida não para, ela sempre continua, mas não tenho tantas dificuldades assim. Tenho minha esposa, dois filhos gêmeos de 15 anos, tenho uma vida praticamente normal, trabalho, nado, só não jogo bola mas de resto eu faço tudo.

Sabe, na minha opinião, nós somos um ser político por natureza, não sei se felizmente ou infelizmente, mas você gostando ou não, você tem que eleger desde um presidente de bairro, até um diretor de escola no caso aqui, até um presidente de República e graças a Deus nós temos o privilégio de escolher, é a democracia, e eu tenho esse sonho sim de me tornar um político consciente. Disputei uma eleição em 2012 onde tive 798 votos e não consegui. Essa agora em 2016 eu disputei novamente e hoje eu sou suplente de vereador no meu partido. Aqui as pessoas pedem de tudo, de comida, leite, fralda, fraldão para os idosos. Isso é o que me choca mais. Outro dia, uns 20 dias atrás, chegou um pescador aqui muito mal, que a cobra tinha picado ele no rio. Ele sozinho remou até aqui rio acima e não tinha um motorista para a ambulância, mas graças a Deus alguém socorreu ele e passou no hospital cinco dias. Se demorasse mais um pouco, com certeza ele iria a óbito. Eu deixo de mensagem para quem ler minha história é: nunca desista de nada se você deseja e seja verdadeiramente brasileiro!

Em seguida, fomos dar uma volta pela vila e nesse caminho nos deparamos com dona Ivanilza Santos de Oliveira, 70 anos, que mora em uma casa que tem mais de duzentos anos. O piso ainda feito de tijolos de barro, com telhado de madeira entrelaçada, janelas entre os dormitórios e panelas perfeitamente areadas (chegam a parecer espelhos) e ainda há um cômodo com uma coluna de madeira que me arrepiou: era onde os escravos apanhavam.

Depois de voltarmos ao hotel e meus amigos terem ido embora, recebi uma mensagem da minha amiga Cidinha, me passando o telefone de alguns parentes que moram em Cuiabá. Entrei em contato com Vera Lúcia. Foi uma tarde deliciosa: visitamos alguns museus e uma cafeteria para experimentarmos pães regionais, deliciosos!

No outro dia, Vera me convidou para tomar café da tarde em sua casa e pude conhecer sua família, incluindo sua irmã Veralice. Minha gratidão a todos pelo carinho recebido.

Vera me levou de volta ao hotel e nos despedimos, senti que teria saudade dessas pessoas.

Depois, rumo a Campo Grande e Bonito.

Uma prima querida, Tânia Hanson, me buscou no hotel em que fiquei para tomarmos um lanche em sua casa e, quando retornei de Bonito, fiquei instalada na casa dessa família. Minha prima é filha da irmã de mamãe – essa família Pereira eu amo de todo meu coração. A Tânia é uma pessoa incrível. Tem três filhos: a Mahara, o Marcello e o Marco Antônio.

Ao amanhecer, Tânia disse que iria para Três Lagoas ver seus pais, e eu aproveitei essa carona maravilhosa.

A você, Tânia, deixo expressa aqui minha admiração e carinho. Toda saudade sentida se ameniza quando me lembro de ter tido a oportunidade de estar com você e que, nas estrelas do céu, posso te ver sorrindo em paz. Obrigada por me receber com tanto carinho.

Mahara e seu filho Matheus; na foto à direita, Tânia.

Tive a felicidade de conhecer, em Campo Grande, a Miroca (Mirian) e seu marido, Ivan, e por intermédio deles a mãe da Miroca, dona Lourdes. Uma senhora diferente, pescadora imbatível, ganhadora de vários prêmios. Almocei na casa dela e foi um dia maravilhoso.

Achei curioso quando cheguei ao ambiente externo da casa e me deparei com um telhado interativo, repleto de coisas diferentes, que o filho de Dona Lourdes chama de "seu museu". São peças interessantes e divertidas, como placas com dizeres engraçados, chapéus diferentes, sapato, cabaças. Cada peça contém sua história.

Venha sonhar comigo

Ivan e Miroca. Dona Lourdes.

Vidaneis, proprietário do *apart hotel* em que fiquei em Bonito, é um cavalheiro. Contou-me uma bela história de sua cidade.

18 – Uma Cidade Turística
Vidaneis Cândido da Silva
Bonito-MS *(transcrição)*

"Tem coisa melhor que fazer ecoturismo, vender a natureza que Deus deixou pronta?"

O meu nome é Vidaneis Cândido da Silva, tenho 61 anos. Eu formei em Agronomia no Paraná e vim para o Mato Grosso do Sul por conta disso. Eu vim aqui na verdade fazer um trabalho como agrônomo. Quando cheguei na fazenda, o pessoal pegava água com os tratores pra aplicar na lavoura, aí chegou um camarada como eu, do Paraná, que viu os rios serem destruídos, fui convencendo o proprietário que o rio era mais importante que a plantação da soja, do milho, que o boi, como de fato é, pois, hoje eles recebem lá uma média de 180 pessoas por dia e dá muito mais que a soja daria. **Tem coisa melhor que fazer ecoturismo, vender a natureza que Deus deixou pronta?**

Mas eu vim, então, em 1984, cuidando dessa empresa e depois fui vendo aquele rio ali e fomos tirando a lavoura de perto dele até que em 1988, nós já colocamos o primeiro passeio lá. Eu fui o guia do primeiro grupo de pessoas. As pessoas queriam ir lá ver o rio, e o proprietário quando viu que era importante ele se conscientizou rapidinho, entendeu na hora que era a galinha dos ovos de ouro dele, fiz parte disso. Daí eu saí e vim cuidar da minha vida e em 1990 construí esse hotel aqui em 1992. Nós temos aqui em Bonito o balneário municipal que foi inaugurado em 1988 e era uma propriedade particular. As pessoas não deixavam a gente tomar banho lá, a gente invadia, pulava a cerca, o peão vinha lá, mandava nós embora no outro dia ou uma semana depois voltava lá de novo. Tinha a gruta do Lago Azul, tinha esse passeio de bote no Rio Formoso, o Aquário Natural que era muito simples, pra você chegar lá, tinha que ir por dentro da fazenda abrindo portão, portão, portão, de forma que foi um turismo bem simples no início. Hotéis tinha aqui aproximadamente cento e oitenta leitos, eram dois ou três hotéis pequenos. No ano de 1992, nós juntamos um pessoal aqui e entramos na política pra virar o jogo, porque todo mundo sabia da beleza que era, das riqueza naturais que tinha aqui, inúmeras grutas, vários rios, várias nascentes. Então em janeiro de 1993, Bonito formou a primeira turma de guias e aí começou a profissionalizar. Aqui tem muita lenda. Tem uma história que não está no meu primeiro livro, vou colocar na segunda edição, e resumir para você. Essa cruz que o Sinhozinho, esse senhor andarilho, colocou em vários pontos, eram muito pesadas precisava de vários homens para erguer e ele não tinha um braço, cruzes altas, grossas e ele colocava sozinho. Tem um caminhoneiro amigo nosso que ele puxava soja e ele viu a cruz em cima do morro, ele é formado em Teologia e perguntou: - O que é aquela cruz lá? Responderam: - Aquela cruz é do Sinhozinho, e ele disse: "Quem é a pessoa mais antiga aqui?" Chamaram o proprietário. E então caminhoneiro chamado Sérgio, teólogo vem até a mim e disse que tinha uma história pro meu livro. Então ele me contou que uma criança estava passando mal aqui na cidade e já sem recursos, a criança no colo da mãe, não mamava mais, não comia e ia morrer. A solução era levar para o Sinhozinho. Colocaram a mãe em cima de um cavalo e levaram ela onde estava o Sinhozinho. Na ida o cavalo pisou numa pedra e chegou manco. Ah! Contaram para o Sinhozinho ele fez a oração e após uma meia hora a criança apresentou sinal de recuperação e num instante daqui a pouco começou mamar na mãe e o cara contou pra ele que o cavalo também se machucou. Ele fez um gesto e logo ficou resolvido, pegaram o cavalo e vieram embora. O pai da criança queria pagar consulta, dar dinheiro e ele não recebia nada disso. Então ele deu uma ordem que era para fincar uma cruz na parte mais alta da fazenda dele, esse era o pagamento. E a cruz está lá fincada no meio do mato.

E, assim, Vidaneis encerra a história sobre Bonito com muita emoção e alegria.

Sigo para Três Lagoas (MS) com minha prima Tânia e seu filho Marcelo, minha amada terra natal, em direção à casa de meus tios.

Fiquei alguns dias na casa de tia Jacyra e tio Toninho (ele sempre me chamou de veinha).

Caminhávamos de manhã à beira da lagoa mais próxima de sua casa.

À tarde, minhas primas Regina e Nádia sempre passavam por lá.

A Regina e o Júlio, seu marido, fizeram um almoço delicioso para mim. Ela é muito prestimosa, sabe fazer coisas deliciosas e artesanatos lindos.

Elas me levaram para jantar reunindo todos da família de lá. Foram momentos únicos de relaxamento e aconchego familiar.

Venha sonhar comigo

O marido de minha prima Nádia não costuma comentar sobre sua história de vida. No entanto, ao saber que eu estava escrevendo sobre histórias de gente, ele disse que gostaria de contá-la. Fiquei honrada e agradecida pela confiança.

19 – Desígnios da Vida
Luiz Henrique
Três Lagoas-MS

*"... são coisas do destino, a gente não pode
nunca questionar isso"*

Meu nome é Luiz Henrique, tenho 51 anos, e sou natural do Rio de Janeiro. E a família do meu pai é de lá e da minha mãe do Mato Grosso do Sul, onde hoje eu resido. Vou tratar isso como uma conversa natural e a parte relevante para mim, nessa situação toda, é o destino da gente, é onde ele nos leva.

Eu nasci no Rio e de pequeno meu pai foi transferido para Brasília. A minha infância e começo da minha juventude foi lá até que meu pai ficou doente e precisamos por uma questão de tratamento seguir para o Rio de Janeiro. Na verdade, a gente era um pouco cigano, a gente não ficava muito tempo num lugar só. A doença do meu pai exigia um certo cuidado, foi questão emocional, ele entrou em depressão e aí minha mãe achou por bem nos deixar na casa dos nossos avós e ficou com minha irmã.

Voltamos para o Rio de Janeiro onde três anos depois meu pai acabou vindo a falecer numa situação trágica e minha mãe também, na nossa casa no Rio de Janeiro. Meu pai tirou a vida da minha mãe ali e tirou a dele, também. Nós estávamos em casa, e eu acordei com meu irmão que veio até mim e disse que o papai tava morto na sala. Eu me dirigi até lá e realmente vi que meu pai havia falecido. Procurei minha mãe e encontrei ela no quarto, também na mesma situação. Meu pai se automedicou com os remédios dele de depressão e obviamente ele teve uma parada cardíaca e a minha mãe foi um traumatismo craniano, uma pancada que meu pai deu na cabeça dela. Nunca procurei buscar a conclusão do inquérito policial. A gente imagina até que ele num momento de depressão deve ter tentado tirar a vida dele e minha mãe tentou impedir de alguma forma e ele acabou tirando a vida dela. Depois que ele viu o que tinha feito ele realmente consumou o ato com relação a ele.

Enfim, foi um momento muito difícil e até falar disso, foi na véspera do meu aniversário de 14 anos, em 1979. Meus pais faleceram no dia 13 de junho de 1979 e eu fazia aniversário dia 14. Eu já tinha perdido meu avô do Rio de Janeiro. Com isso, acabamos vindo embora para o Mato Grosso do Sul, prevaleceu a vontade do meu avô, o ambiente lá não estava favorável para a gente e, por conta desse trauma, ficar lá naquele local, eventualmente até naquela casa, era uma situação difícil. Na verdade a primeira tentativa foi de reestabelecer a vida. Na verdade, a sensação de perda vem depois. No momento, a gente fica sem chão. Um fato marcante e até uma palavra que não era do meu vocabulário quando um primo nosso que a gente tem muita estima entrou e falando assim: "Fato consumado, não tem o que fazer". E naquele momento a gente falou: "Nós estamos sozinhos".

A família era a gente ali e os amigos que frequentavam a nossa casa. Sair de uma cidade como o Rio de Janeiro para morar numa cidadezinha no estado do Mato Grosso do Sul, na época Três Lagoas deveria ter entre 30 ou 40 mil habitantes, era totalmente diferente do que é hoje e eu calculo que a ação do destino levou a esse resultado. Eu quero dizer, o resultado do trauma me levou a ter uma condição de vida que talvez eu não tivesse tido com meus pais no Rio de Janeiro, então, **são coisas do destino, a gente não pode nunca questionar isso**, ficar brigando com essa situação, a gente tem que enfrentar e foi a maneira que eu interpreto essa passagem da minha vida e que é uma coisa marcante. Se não tivesse acontecido o que aconteceu, talvez eu não fosse o que sou hoje e não tivesse a família valorosa que eu tenho hoje, então isso eu tenho que agradecer a esse resultado, eu agradeço a Deus porque se ele me tirou alguma coisa no passado ele me deu um outro sentido de vida no futuro e talvez isso já estivesse predestinado a acontecer para chegar no resultado que eu estou agora.

Fiquei emocionada e admirada com a superação do Luiz Henrique. Para mim foi uma lição de amor, resignação e compaixão.

De Três Lagoas, viajei para Araçatuba, na casa de minha irmã. No entanto, essa história contarei quando chegarmos à região Sudeste, onde está localizada Araçatuba, pois temos de continuar nosso roteiro pela região Centro-Oeste, em Goiás, a seguir.

O estado de Goiás faz parte do planalto brasileiro e limite com os estados do Mato Grosso do Sul, Mato Grosso, Tocantins, Bahia, Minas Gerais e o pelo Distrito Federal. A Cidade de Goiás foi capital desse território durante duzentos anos. O clima é semiúmido, tem os meses das chuvas e das secas.

Em Goiás encontram-se capivaras, antas, onças, tamanduás, macacos, a ema e a seriema. A fauna tem um aspecto alegre e colorido e há alguns parques de proteção ambiental (estive no Parque Nacional da Chapada dos Veadeiros). A comida típica de lá é a galinhada, o frango com pequi, galinha caipira, pamonha, arroz com suã; fazem também peixe na telha e tutu de feijão - me deliciei com o empadão de Goiás (Cidade de Goiás).

Venha sonhar comigo

E ele o Anhanguera chega nessa terra
Os índios temem a mina de ouro,
Mas o Diabo Velho viu as índias adornadas
E ameaçam por fogo no rio.

O medo toma conta
Os índios cedem e dizem onde está a mina
E o Espírito Maligno toma conta
Das terras e da mina e esse é o Anhanguera

   Tenho uma querida amiga chamada Solange Castelo Branco que está trabalhando em Catalão (GO) e me convidou para ficar em sua casa. Fui recebida com muito carinho.
   Ela ia trabalhar e eu aproveitava para organizar algumas histórias que já estavam quase prontas. Fiz almoço e café da manhã, me senti em casa e foi muito bom para relembrar de que um dia voltaria e a vida seria assim, como estava sendo lá. Eu e Sol nos divertimos. A Sol comentou comigo que tem uma colega de trabalho com uma linda história de vida.

Minha gratidão a mais essa amiga, que abriu as portas de sua casa e me recebeu com carinho. E a Sol me apresenta à linda história de uma jovem capaz de se reinventar todos os dias.

20 – Aquarela
Denisia Ribeiro Neto
Catalão-GO

"O silêncio tomou conta do quarto do hospital"

Meu nome é Denisia Ribeiro Neto, tenho 36 anos, casada, tenho um filho de quinze anos e sou de Catalão (GO). Eu nasci aqui e vivi até os cinco anos e nessa idade meu pai recebeu uma proposta para cuidar de uma fazenda, e lá eu vivi até os 15 anos, junto com meus dois irmãos mais velhos.

Morar na fazenda foi um grande desafio, longe de tudo e nós em idade escolar. Estudávamos em Ouvidor próximo de Catalão e a deficiência nunca foi um empecilho, sempre foi pra mim uma força. Eu nasci com uma síndrome que não é só brasileira e sim mundial, é a síndrome de *Streeter*, a pessoa nasce com ausência de membros, é uma deformidade. Foi uma surpresa muito grande porque o meu pai e minha mãe, não sabiam que eu não tinha um braço, eles só ficaram sabendo quando eu cheguei no quarto. **O silêncio tomou conta do quarto de hospital** já que aqueles jovens pais não haviam se preparado para tal situação... os dias se passaram e para alegria e espanto de todos, lá estava ela engatinhando sem a mão, fácil, já que toda vez que caía, dava risada e tentava de novo.

Os anos se passaram, e numa uma noite de leitura aprendeu a cantar Aquarela. Mal sabia ela que aquela música representaria sua própria vida, porque a cada dia ela desenvolvia uma nova habilidade. Foi nos terreiros que ela aprendeu a andar de bicicleta e mostrar essa proeza para seu pai foi, o mais importante ato dos seus oito anos, se não fosse a parede que quase atravessou, porque se esqueceu de usar os freios... Mas o que era isso perto de tamanha conquista? E assim a menina da fazenda que não tinha o braço cresceu e já morando na cidade conseguiu a primeira oportunidade de trabalho vendendo chocolate, foi como voluntária e lá vai ela ser secretária do delegado de ensino de Catalão. Foram grandes os aprendizados. Numa grande empresa começava então sua carreira no RH. Enfim, um novo desafio pela frente, a linda decisão de ter um filho. A melhor e mais bem pensada decisão. Hoje é um homem e amarra todos os seus vestidos e fecha tudo que ela não consegue. Minha mãe exigia que eu me desafiasse para não me sentir limitada. E eu cresci fazendo os serviços domésticos. Meu pai teve muita paciência em ensinar e eu prestava muita atenção ao que acontecia ao meu redor! O que quero deixar como aprendizado para o leitor, é que para mim a deficiência sempre foi uma força, e isso me transformou na pessoa que eu sou hoje. Não lamentei, fui à luta, não reclamei, fiz e não me sinto incapacitada, sou altamente capacitada! Tudo depende exclusivamente de como você percebe o seu mundo interno e externo. É uma questão de decisão!

Após alguns dias desfrutando da amizade da Sol chegou o dia de ir em direção à Cidade de Goiás, terra de Cora Coralina, famosa escritora, doceira e mulher com sua história intrigante, repleta de contradições, mas cheia de poesia, luta e energia.

21 – Mulheres Coralinas
Goiandira Ortiz de Camargo e Ebe Maria de Lima Siqueira
Cidade de Goiás-GO *(artigo enviado; editado por questões de espaço)*

"Tecer laços entre cultura"

O Projeto Mulheres Coralinas surgiu em 2013 e seu objetivo principal era **tecer laços entre cultura** – especialmente o patrimônio vilaboense que abrange história, arquitetura, cultura popular e a poesia de Cora Coralina – e atividades de capacitação para a autonomia econômica e a emancipação cidadã das mulheres participantes. Durante dois anos, 150 mulheres receberam capacitação nas áreas de artesanato – cerâmica, palha, bordado manual, confecção de bonecas –, gastronomia, leitura e educação, ampliando esse horizonte com a participação das mulheres garis, que especialmente receberam e compartilharam leituras da poesia de Cora Coralina, orientações sobre saúde e segurança no trabalho, cuidados básicos necessários para se protegerem e guardarem com zelo o nosso patrimônio material. Como fios puxados pelas mãos das mulheres, aprendizado e troca de experiência sobre nossos bens culturais permearam as ações do projeto: as narrativas a que as mulheres deram voz; a leitura da poesia, da vida e da mulher que foi Cora Coralina; as ruas; os casarios e os museus da cidade. Essa experiência continuará viva e constitui uma homenagem à poetisa Cora Coralina, que tem sido candeia a iluminar os caminhos das mulheres de ontem e de hoje.

Conversei, também, com outras três mulheres maravilhosas sobre o efeito do projeto em suas vidas.

Luiza Pessoa.

Luiza Pessoa: Meu nome é Luiza Pessoa e meu depoimento é que as Coralinas mudou tudo na minha vida, simplesmente isso porque antes eu trabalhava no anonimato. Eu tenho 37 anos de profissão e sempre eu vendia para terceiros, para as lojas de artesanatos então eu não era conhecida, as pessoas sabiam que existia a Luiza Pessoa, mas não me conheciam. Eu aprendi no projeto a ser mais eu. Antes, eu vivia para os outros, agora vivo minha vida. A gente tem muita roda de conversa e trabalhamos a nossa autoestima, aprendemos a ser mais independente, ser mais a gente mesmo.

Alice Gonçalves: A minha vida mudou muito depois que eu entrei no projeto as Coralinas. Mudou para melhor. Por fazer parte das vocalizações, eu saio mais de casa à noite, eu me sinto muito bem vocalizando os poemas de Cora. Eu acho que sou uma das mais velhas vocalizadoras porque tenho setenta anos. Os poemas que eu mais gosto de vocalizar são "Lavadeiras". Eu sou ceramista e trabalho com isso desde criança. Minha família é toda artesã.

Dalvalina Santo: Sou Dalvalina Santo a (Cotinha), 56 anos. O que mudou na minha vida? Tudo. Eu trabalhava em uma escola nessa cidade, com pintura. Recebi um telefonema para participar desse projeto, por meio de uma pessoa da Secretaria da Cultura da Cidade de Goiás, pois sou de Itapirapuã. Fiquei muito emocionada mesmo sem conhecer o projeto. Fiz amizades, reencontrei amigas de infância. Agora estou trabalhando com a cerâmica porque me identifiquei muito. Sou feliz quando venho ficar aqui na loja. Hoje eu sou formada em Artes Visuais pelo Instituto Federal e também sou formada em História pela UEG (Universidade Estadual de Goiânia), terminei em 2012 com 53 anos.

E, após alguns dias envolvida com uma cidade tombada, patrimônio histórico, repleta de histórias e pessoas que cultivam essas memórias, vou a Brasília. Chego à casa da minha amiga Ada Cordeiro, que tem uma história linda, emocionante. Mais uma vez me senti em casa. E a história da Ada é diferente, muito diferente.

22 – Uma Pedalada pela América
Ada Cordeiro
Brasília-DF *(artigo enviado)*

"As pessoas têm medo das pessoas"

Sou Ada Cordeiro, tenho 35 anos, natural de Itabira Minas Gerais, mas, atualmente, vivo em Brasília (DF). Eu costumo dizer que uma viagem começa realmente quando decidimos realizá-la. Ela começa quando sonhamos, quando desejamos, quando começa a formigar na cabeça, aqueles pensamentos a respeito do projeto.

O projeto, que intitulei Uma Pedalada pela América começou muito tempo antes da viagem em si. Em 2013, fiz uma viagem de bicicleta, que foi muito importante na minha vida, o Caminho de Santiago de Compostela. Ele começa na França e vai até a cidade de Santiago – Espanha. Eu, porém, fui um pouco mais, resolvi seguir pedalando até Portugal. Foi a primeira vez que eu fui para outro país sozinha, foi a primeira vez que fiz uma viagem de bicicleta sozinha! E, por ser um caminho que é muito espiritual você trabalha várias questões, você está ali com você, sozinha quase todo o tempo. É um caminho que te leva a refletir sobre muitos aspectos, sobre o valor das coisas na sua vida, te leva a perceber o que realmente é importante pra você. E foi durante o Caminho de Santiago que eu tive essa decisão: de que viajaria por um ano. Foram quase dois anos de planejamento. Eu tive vontade de mudar, de ver a vida em movimento, de sair da rotina. Eu queria a Branquinha, minha bicicleta, como minha companheira, e foi com ela que explorei a América do Sul. **As pessoas têm medo das pessoas.** Medo do outro ser humano que está à sua frente. No decorrer do meu caminho eu vi que as pessoas são tão boas, que eu não precisava ter medo do outro e que na verdade o outro estava ali pra me ajudar. Antes da viagem, em alguns momentos da minha vida, eu desacreditei muito de mim. mesmo sendo uma pessoa capaz eu desacreditei. Mas esta viagem me fortaleceu. Eu tive a certeza de que qualquer coisa que eu desejar nesta vida, que seja para o meu bem e não for prejudicar o outro, eu sou capaz de conseguir. A viagem me ensinou a acreditar em mim e a confiar no outro também. Quando estamos viajando, nos abrimos para o mundo.

A despedida desta querida amiga foi difícil para ambas. A sintonia entre nós era profunda, respeitosa e alegre. Sentirei saudades.

Neste momento, seguimos para o Sul do Brasil.

Sul

Paraná, Santa Catarina
e Rio Grande do Sul

Essa região do país é a menor de todas, fazendo divisas com o estado de São Paulo e o Mato Grosso do Sul, fronteiras com os países Uruguai, Paraguai e Argentina. Essa região é banhada pelo Oceano Atlântico, e por estar localizada na zona subtropical, possui um clima subtropical com temperaturas mais baixas, influenciando a vegetação que é caracterizada pelos Pampas, Mata Atlântica e Mata das Araucárias. Para o Sul vieram uma quantidade de escravos africanos relativamente pequena, a predominância de imigrantes foi de portugueses, alemães, italianos, poloneses, ucranianos e argentinos.

No caminho para o sul do país, passei por uma pequena cidade chamada Rosana, em São Paulo (como expliquei anteriormente, precisei fazer um desvio de rota para atender minha irmã) onde moram meus familiares, para visitar outra tia querida, irmã de mamãe, a titia Nilza.

Fiquei alguns dias em sua casa e foi uma delícia. Eu me reuni com minhas primas Angela e Cecília (até conheci a netinha da Cecília) e conversei com a filha dela, Rayana. Meu primo Júlio também deu uma passada pela casa da minha tia e pude reencontrá-lo após muitos anos sem nos vermos.

Essas coisas de família são mesmo interessantes, a gente fica anos sem se ver e quando nos encontramos parece que foi ontem. Amo demais a família de mamãe, sempre unidos, são exemplos para mim. Isso não significa ausência de problemas, claro, mas pessoas que se unem quando há um problema, mesmo que a distância, ficam nos acompanhando. Minhas tias sempre se importam com o que está nos acontecendo. Minhas primas me levaram para conhecer pontos interessantes da cidade.

Ao me despedir da tia e das primas, meu coração chorou. Minha alma queria mais e a saudade de minha mãe, a vontade de ficar mais um pouco, o amor recebido pela tia e primas, tudo isso mexeu comigo. Fui embora com vontade de ficar.

No entanto, minha jornada precisava continuar. Parti rumo a Foz do Iguaçu (PR), minha porta de entrada na região Sul do país. Lá, conversando com duas senhoras, sentadas no sofá da recepção do hotel, disseram-me que, quando começaram, jogaram uns colchões no chão e o povo dormiu. Eu as convidei para falarem sobre essa história. A filha pediu que eu falasse com o irmão dela, o João, que era o mais velho e gerenciava o hotel.

Assim foi feito, e o senhor João topou gravar sua história.

23 – E ali começou a nossa história
João Waldemar Jung
Foz do Iguaçu-PR *(transcrição)*

"Jogamos os colchões no chão e encheu de gente"

Nós viemos de São Jorge, município de São Miguel do Iguaçu, Paraná. Era uma vila na época e viemos em início de 1968, fica mais ou menos 55 quilômetros daqui da Foz. E nós viemos de lá e tínhamos uma marcenaria, fábrica de móveis, aberturas, tudo assim. Meu pai resolveu que lá não dava mais para sustentar a família que éramos dez irmãos, sete homens e três mulheres. Ele veio para Foz do Iguaçu em início de 1968 e conseguiu comprar esse terreno onde estamos até hoje aqui. Ele planejou na mente dele um dormitório com nove quartos, ele programou esses nove quartos na cabeça dele pra fazer deles uma pensão que ele chamava de dormitórios. Tudo foi feito lá na cidadezinha antes de virmos para cá. Janela, porta, colchões, daí que viemos de mudança para cá e meu pai começou a construir esses dormitórios, então ele construindo e quando faltava dinheiro ele trabalhava de diarista numa marcenaria, ele trabalhava de manhã e de tarde e aí ele tirava uns dias da semana para ele continuar construindo a parte dele e minha mãe começou a trabalhar fora também de cozinheira. O dinheiro era escasso. Meu pai conseguiu levantar tudinho, mas havia ainda a outra parte, como parte elétrica, esgoto, tinha cama, mas as camas não tinha pé, não tinha roupa de cama, não tinha nada, não tinha dinheiro pra comprar, então as camas mesmo, nós fabricava aqui mesmo. E chegou perto do mês de julho de 1969, que era mês de férias. Era um mês mais movimentado do brasileiro, e meu pai ficou sabendo que no mês de julho a cidade ia ter muita gente. Aí acontece o que? O vizinho nosso que é aqui do lado que chama Plaza Hotel, ele viu que meu pai tinha feito tudo muito bonitinho e chegou e fez uma proposta para o meu pai. Ele disse: "Seu Waldomiro tenho uma proposta pra fazer pro senhor. O senhor aceita e eu vou tentar. Eu pego esse dormitório seu do jeito que tá aqui, eu te pago uma quantia e te deixo prontinho esses nove dormitórios, luz, água, forro de cama, tudo direitinho eu deixo pro senhor e eu quero esses quinze ou vinte dias pra mim". E ali começou a nossa história, ele lotou uns 15 ou 20 dias, e aí meu pai, conseguiu ganhar um dinheirinho a mais, já deu pra organizar tudo direitinho e dali em diante ele começou a receber hóspedes.

Sul

Waldomiro Estanislau Jung e Maria Athe Ruchel Jung.

Dona Athe e os 10 filhos; abaixo, a casa onde moravam e o hotel atual à direita.

Venha sonhar comigo

Ele colocou o nome de Dormitório Quinze de Julho, hoje é Hotel Quinze de Julho. Ele disse que esse dia deu sorte pra ele então tinha que ser esse nome. Tu acredita que nós não temo foto daquela época, de como era?

E quando começou a dar movimento eles ficaram confiantes nele e logo veio a Itaipu, e meu pai resolveu construir mais e aí ele fez empréstimo. Quando meu pai faleceu já tinha construído quase tudo. Hoje, dos nove "dormitórios" temos 60 apartamentos.

A mãe, dona Athe, comentou:

Olha como está minha santinha – eu trouxe de Aparecida há muitos anos, logo depois que meu marido morreu. Todo dia às 6h30 eu venho rezar aqui.

A senhora sabe que nesse pátio já estacionou até oito ônibus? Meus filhos pequenininhos carregavam tijolo pra ajudar na construção. Vinham muitos argentinos naquela época, foi muito bom. Tudo aqui já está reformado com banheiros. Quando estava quase pronto o hotel ele se foi! Ele disse: "Vou operar primeiro pra depois inaugurar e comer churrasco". Não deu tempo! Eu moro aqui, tenho minha casa junto com o hotel, estou com 88 anos e minha vida é aqui!

Boné do senhor Waldomiro, exposto no escritório para lembrança.

Sul

Foz do Iguaçu é um lugar de muita energia (fonte de energia mesmo) devido o volume das águas que beneficiam o Brasil. O Parque Nacional das Cataratas do Iguaçu é uma das sete maravilhas do mundo. Conhecer a Usina de Itaipu foi uma alegria. Participei de uma experiência planetária. Que gratificante! Foz do Iguaçu nos encanta e esse lugar místico traz muita coisa diferente para a cidade, como também congressos sobre ufologia e outros assuntos que não são comuns de se discutir.

Rumo a Santa Catarina, mas, antes, passei por Curitiba, por dois dias, e me encontrei com uma amiga de Alter do Chão. Uma jovem maravilhosa que me fez companhia lá. Fomos tomar um lanche no final da tarde, conversamos e matamos a saudade, minha querida Aryane Simão, que levou sua amiga Karla Melo. Foi uma tarde repleta de alegrias.

Bora para Blumenau! Lá passei alguns dias na casa do meu sobrinho Fernando, filho da minha irmã Angela. Ele e sua esposa me receberam com muito carinho. A Jenifer é um amor de pessoa e eles têm um filho, o Eduardo "Dudu", que não para e ama cantigas de roda. Passei dias de alegria lá: descansei e me nutri mais um pouco de família. Gratidão, Fernando, Jenifer e Dudu.

A vida se apresenta de maneira muito rápida. Em um ano de viagem pude notar quantas pessoas se foram dessa existência, quantas outras ficaram doentes, outras ainda mudaram de localidade e muito mais novidades chegavam a mim. Quando viajamos a noção de tempo e espaço é totalmente diferente de quando estamos em nossa localidade trabalhando ou fazendo nossas atividades diárias.

Segui para uma cidade chamada Urubici, em Santa Catarina. Fiquei na pousada do professor Verto. Ah! Que lugar lindo e prazeroso de estar. Fiquei amiga da Sandra, esposa do professor. Uma mulher maravilhosa, simples, de alma grande, inteligente, perspicaz, trabalhadora. Era uma delícia de manhã, no café, encontrá-la e batermos um papo antes dos meus passeios. Nessa pousada conheci alguns casais bacanas que me acompanham no Facebook.

Obrigada à Zeli e ao Francisco, que moram no Rio de Janeiro e são viajantes, preferem viajar de carro, param onde querem, conhecem vários lugares. Almoçamos juntos num dia chuvoso e fresco.

O professor Verto comentou comigo que conhecia uma senhora, Julieta, que foi Secretária da Educação do município com uma linda história de vida. Julieta gentilmente convidou-me para passar o Natal na casa dela. Aceitei imediatamente com muita alegria em meu coração. Foi uma noite calma, apenas ela, seu marido e seu filho que trabalha em Brasília. Uma noite de Natal em família.

E agora você confere o artigo que ela me enviou por e-mail.

24 – Luz de Deus! Luz de Deus!
Julieta Alice Buratto
Urubici-SC *(artigo enviado)*

> *"Mas eu não queria ir porque ainda tenho tanta coisa*
> *pra fazer, então tu fica de minha mãezinha?"*

Sou supervisora escolar, me formei na Universidade do Estado de Santa Catarina em 1975 em Pedagogia com Habilitação em Supervisão Escolar e Especialização em Supervisão Escolar em Vassouras – RJ, no ano de 1987. Neste mesmo ano de 1975, eu casei e vim morar em Urubici-SC, onde meus pais moravam e meu marido, Paulo

Buratto, tinha escritório de contabilidade. No ano de 1976 eu comecei a trabalhar. Dos trinta e dois anos e meio, nove anos e meio eu fui Secretária Municipal de Educação aqui de Urubici, trabalho que eu também amei e que eu consegui fazer muitas coisas dentro das condições da educação pública, mas foram realizações, ficaram marcas, muita saudade, então ao longo da profissão no magistério foram infindáveis as conquistas e as realizações. Meu filho Luciano hoje é efetivo na UnB em Brasília, Universidade de Brasília, já está no seu segundo ano cumprindo o estágio probatório, com muito sucesso na coordenação de departamento. O Gabriel trabalha em São Paulo, como médico anestesista e se casou um ano depois da formatura. Sou uma pessoa bem feliz, meu marido também, porque eles estão bem. Me aposentei em 2007, e com a aposentadoria e meu temperamento bastante inquieto, eu já estava procurando o que outra coisa eu poderia fazer. De repente, meu marido comprou um brechó de um senhor, quase na frente da minha casa em dezembro de 2008. Depois de um tempo pensando, eu fui para o brechó e assumi a ideia que eu iria tocar aquele brechó. Até que em setembro de 2013, eu fui diagnosticada com câncer de mama, fiz a cirurgia, e entrei naquele processo do tratamento de quimioterapia, radioterapia, meu marido queria vender a loja, mas eu não queria, eu amava aquele espaço de trabalho, o contato com as pessoas, e então ainda conseguimos ficar com a loja mais um ano. Só que depois do tratamento eu ainda fiquei bastante debilitada, então eu me conscientizei que devia vender, e eu conversei com meu marido e fui atrás de três pessoas, três compradoras. E com uma delas nós entramos em negociação. Urubici é uma cidade que eu não troco por nenhuma outra do mundo, com o meu tratamento e isso eu falava para os médicos que cidade maravilhosa a nossa, a comadre Edite trazia couve orgânica, tomate, beterraba, vagem, e deixava a sacolinha na porta. Outra senhora trazia malva, outro senhor trazia chá de pata de vaca, muitas pessoas me visitaram. Eu sempre tinha fé que eu ia me curar, nunca pensei que eu ia morrer, mas eu tinha muita pressa de sarar para voltar a viver e ter uma vida ativa, queria voltar a ter a alegria que tive sempre, tive depressão durante a doença que também foi tratada, mas sempre durante o tratamento eu agradecia a Deus por toda a condição que eu tinha, dos médicos, dos equipamentos, dos aparelhos, de toda essa riqueza da medicina, do aparelho da radioterapia, que na hora que passava o raiozinho que eram segundos eu agradecia a Deus, eu dizia depois pros médicos: - "LUZ DE DEUS, LUZ DE DEUS". E assim eu fui curada com a LUZ DE DEUS. Então, essa alegria que eu tenho hoje de estar aqui recebendo a Ana Laura, estar podendo contar, assim, parte dessa experiência que foi maravilhosa, que Deus nunca esqueceu de mim, tantas pessoas que oraram por mim, mesmo na cirurgia, durante meu tratamento, pessoas que eu nem conhecia, pessoas que foram alunos pequenos na escola e depois me contavam. Eu liguei pra D. Lacir, minha costureira, e disse pra ela: "D. Lacir, eu tô tão triste", e ela perguntou: "mas porque, meu anjo?" Eu disse: "Tô com uma saudade da minha mãe – porque quando eu operei fazia um ano que ela tinha falecido – tô com saudade dela, eu não queria morrer". E ela me disse: - "Você não vai morrer, você não vai morrer". Eu disse: **"mas eu não queria ir porque ainda tenho tanta coisa pra fazer, então tu fica de minha mãezinha?"**. Ela disse: "Fico de sua mãezinha". Aquilo foi um alento pra mim e contei isso ao meu marido, que eu tinha chorado, uma única vez que eu chorei. Agora, que já estou curada, eu sinto que toda essa sobrevida que Deus me deu e vai me dar, é pra poder eu também ajudar outras pessoas. Eu sempre ajudei, mas agora eu tenho um compromisso maior.

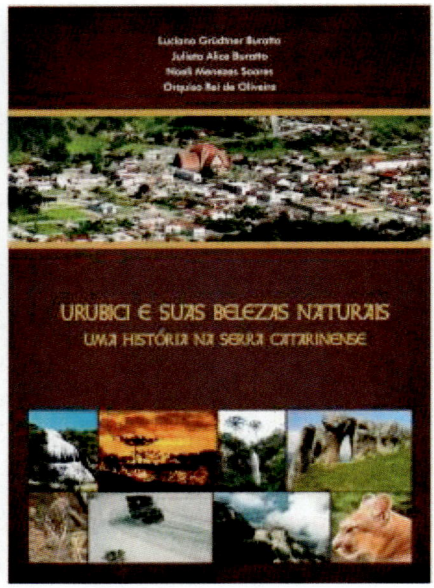

Ao sair de Urubici, percorri muitas cidadezinhas fantásticas. Lugares de natureza bela, lugares culturais, lugares do vinho. Santa Catarina ainda é pouco explorada no turismo. Seu interior é lindo e aconchegante. As serras embriagam nossos olhos com suas paisagens encantadoras; as plantações são cuidadas por pessoas que sabem o que fazem – andar pelas macieiras, pelas plantações de morangos: tudo perfeito e muito bem cuidado. Pequenas cidades turísticas com movimento de grandes cidades.

A viagem segue rumo ao Rio Grande do Sul. Dormi três noites em Caxias do Sul e segui para Pelotas. Duas noites indo em direção ao Chuí para chegar na véspera do ano novo. Chuí? Sim, o extremo sul do Brasil. Assim como no Oiapoque, meu coração acelerou ao chegar no Chuí. Fui aos dois extremos. Os caminhos são difíceis com ônibus são desconfortáveis.

O Chuí faz fronteira com Chuy, no Uruguai. O Chuí do Brasil está a mais ou menos 530 quilômetros de Porto Alegre. Brasil e Uruguai aqui são separados por uma avenida com um canteiro no centro: um lado Chuí outro lado Chuy. Para quem gosta de andar, é possível ir do hotel para o Uruguai a pé. O que tem de bastante interessante é uma praia, a Barra do Chuí. Lá me disseram que essa é a praia mais fria do Brasil.

Na noite da virada, sentei-me no melhor lugar do restaurante, com uma linda vista, e pedi um prato menor. Tomei vinho delicioso e curti minha noite maravilhosa comigo mesma, serena, em paz e grata. Às vezes sofremos tanto nessas datas comemorativas por não estarmos próximos da família e não percebemos que os dias são sempre iguais. No outro dia, é tudo igual. Nada mudou, porque a mudança é apenas no tempo, o nosso mantenedor diário de vida, o nosso controle, aquele que a gente deixa dominar. Tempo para tudo. Hora para tudo.

Dia de ir embora para Porto Alegre. Do Chuí para Pelotas atrasamos muito devido a dois uruguaios sem documentos na fronteira. Uma hora e meia ao sol – era isso ou ficar com os pernilongos dentro do ônibus.
Ao chegarmos em Pelotas quase perdi o ônibus para Porto Alegre. Mas eles estavam me esperando. Ah, que felicidade! O melhor ônibus de todo o Brasil que eu já andei: poltronas gigantes que mais pareciam camas, travesseiro, cobertor, TV em cada assento para assistir filme com seu fone de ouvido. Parecia mais um avião – até melhor pelo espaço e conforto que oferecia, com água, café e bolachinhas (para quem havia viajado seis horas e sem almoço foi tudo de bom).
De Porto Alegre direto para São Leopoldo, ainda Rio Grande do Sul. Viagem longa essa, muito longa: foram 24 horas. Ao chegar, peguei um táxi e fui para o hotel, onde tomei um banho e apaguei. Esse lugar foi estratégico para descanso e fazer minhas anotações, que estavam atrasadas. Como a temática do livro são realmente as histórias e como chego até elas, pouco falo da parte turística, pois há muita literatura sobre esse tema.
Meu tempo era compartilhado entre prazer, turismo e trabalho. Isto foi um grande aprendizado para mim: é possível você adotar uma dinâmica de vida com capacidade de trabalho e prazer. Trabalhar com prazer, selecionar seu tempo conforme as necessidades. Quando abrimos espaço para o nosso conhecimento, expandimos a percepção de

tal modo que a fluência dos acontecimentos passa a interagir com a natureza externa. Tudo fica uno.

E nessa *vibe* e mais consciente dessas questões explicadas acima, sigo para Bento Gonçalves a convite de Sônia Assad, uma amiga de São Paulo que se esforçou para se encontrar comigo. Ao chegar no hotel emocionamos as pessoas ao nosso redor com um forte abraço. Ela deitou sua cabeça em meu ombro e ali ficou alguns segundos. Ela me disse: "Você faz muita falta!" Uma mistura de alegria e dor atingiu minha alma, meu pensamento, minha mente, até então agitada e dinâmica. Te agradeço pela visita, te agradeço por um final de semana que, para mim, foi em família.

No café da manhã, Sônia e eu conversamos com o senhor Moysés, dono do hotel Hotel Michellon.

25 – E foi aí que eu virei hoteleiro
Moysés Michellon
Bento Gonçalves-RS *(artigo enviado)*

> *"Foi o meu primeiro colete na minha vida que tinha*
> *16 anos e assim comecei a minha vida"*

Eu morava no interior e lá, no início da colonização, a casa era separada da cozinha. A comida era feita no chão batido, a panela ficava pendurada no forro da casa. Não havia fogão. A Serra Gaúcha foi destino da imigração italiana. Há alguma coisa de suíço, polonês, mas aqui é noventa e cinco por cento de italianos. Antes dos italianos chegarem, foram os imigrantes alemães em 1824, que é lá no pé da serra, em São Leopoldo, Estância Velha. Quando chegaram aqui, não havia nada, não tinha estrada, e a primeira coisa que eles faziam era abrir uma clareira para construir a casa. Embaixo da nossa casa, meu pai tinha um paiol onde se guardava o pasto, os mantimentos, os fenos, o milho. Então esse era o paiol que eu fiz um mal feito mais ou menos com sete ou oito anos: eu surrupiei um patacão (uma moeda de dois mil réis), do meu pai. O meu colega lá do interior, ele tinha uma gaitinha de boca, e eu nunca ganhei um presente de ninguém. E minha mãe ouviu, veio até a mim e perguntou: "mas escuta, como é que tu tem essa gaitinha?" Eu disse que foi o meu colega que me deu. Ela não disse nada. Quando o meu pai chegou em casa, minha mãe contou a ele. "Olha, o Idalino, tá com uma gaitinha que disse foi o colega dele que deu". E o meu pai conhecia muito bem a mãe dele e ele foi lá e encontrou o piá (criança), e perguntou pra ele: "Tu deu a gaitinha de boca pro Idalino?" Ele respondeu: "não, ele me deu um patacão". E aí ele voltou e passa pelo potreiro e tinha uma plantação de vime, e ele fez um feixe de vime fino, e chegou em casa e me perguntou. "Escuta, como é que tu tem uma gaitinha?" Eu disse: "foi o Balde que me deu". Aí a "psicovara" começou a andar, e ele dizia: "eu não quero ladrão dentro de casa", e não satisfeito com isso, ele pegou e me arrastou na cozinha porque ele queria me queimar as mãos. Eu consegui fugir e vim me esconder no paiol e lá eu fiquei até a noite.

Meu primeiro ordenado, eu recebi 700 cruzeiros, mas eu sabia que era mil cruzeiros e meu pai disse que eu tinha de continuar fazendo a escrita daqui de casa. Daí chego em casa com os meus setecentos cruzeiros e entrego pro meu pai. E ele disse: "pega o conta corrente e marca lá setecentos cruzeiros para mil; você tem um saldo devedor de trezentos cruzeiros". E chegava de noite eu ficava pensando como é que eu vou fazer pra pagar os trezentos. Segundo mês setecentos cruzeiros. E ele disse não tem problema, anota no conta corrente. No terceiro mês, eu ganhei um mil e cem cruzeiros. "Em seis meses eu pago a minha dívida." Chego em casa entrego ao meu pai, ele pega mil e me devolve cem cruzeiros e me autoriza a estornar o meu saldo devedor. Fiquei feliz porque lá no armazém tem uma sessão de armarinhos e tinha lá um colete de lã e eu comprei ele, **foi o meu primeiro colete na minha vida que tinha 16 anos e assim comecei a minha vida**. Lá nesse armazém eu fazia de tudo: era motorista, vendedor, ajudava no balcão e fui fazendo a minha vida. E tem fundação da Isabela a fábrica de massa, que foi em 1954. E aí eu recebi o convite pra ser o gerente. E assim me deram a gerência e eu exigi participação no capital e nos lucros. E ali então de fato comecei a fazer a minha fortuna e passei a dirigir a Fábrica de Massas Isabela – Massas Alimentícias Ltda – Isabela.

No meu livro conto sobre as homenagens recebidas, projetos novos da época. Nesse meio tempo começou algumas divergências dentre os sócios, ao invés de expandir eles queriam dividendos **e foi aí que eu virei hoteleiro**. Nós vendemos.

Muitas coisas fiz pela cidade e para o seu desenvolvimento e tentei ser até prefeito, mas graças a Deus eu não consegui. E aqui no Hotel Michelon eu fui comprando os terrenos que eram tudo abandonados e fui construindo meu hotel. Eu tenho uma filha que está nos Estados Unidos e tenho a outra filha que trabalha aqui comigo, ela administra o hotel. Minha esposa tem 84 anos e eu tenho 82 anos. Tenho uma neta Isabela que a mãe dela me homenageou com esse nome o que me deixou muito feliz e chorei de emoção.

(Trechos extraídos do livro Longa Tarde no Paiol, História e Vida de Moysés Michelon, de Ana Inês Chacchin).

Antes de irmos embora, Sônia retorna para São Paulo e eu, para Nova Prata (RS). Tivemos a oportunidade de conhecer também o senhor Remy Valduga, por intermédio de seu sobrinho, Mateus Valduga.

26 – As Histórias de Remy
Remy Valduga
Bento Gonçalves-RS

*"E na grandeza de sua expressão reúne
os três elementos essenciais"*

Meu pai nasceu ali na região da igreja Nossa Senhora das Neves. Essa igreja foi feita com vinho, em 1904, numa época de estiagem e não tinha água para a construção. Antes de ser construída, meu avô fez ela de madeira, em homenagem a Nossa Senhora das Neves e já está com 108 anos. No final do século dezenove, a Itália vivia um drama horrível, desordem social, política, econômica, cultural, guerras, invasões, lutas, miséria. Então em 1875 foi oficializado a imigração da Província de Trento. Vieram as primeiras quarenta famílias e se estabeleceram onde tem a zona urbana de Bento Gonçalves. No ano seguinte vieram umas dezoito famílias da mesma localidade. O município mãe aqui era Montenegro que ainda existe a cidade, só que de lá aqui são noventa quilômetros, na época eram noventa quilômetros de mata virgem, habitada por animais selvagens, tigres, onça pintada e uma grande tribo de índios, os Tapuias. Eles tiveram que derrubar a mata e começaram com as primeiras sementes. Bom, esse meu avô, o pai dele que trouxe a santa, o Marco, construiu uma capelinha lá perto e colocou um sino, e todas as noites às seis horas ele batia o sino e toda comunidade vinha para rezar. De noite eles faziam o filó, uma noite eles se reuniam numa casa e outra noite em outra casa, e assim faziam para cantar e tomar vinho e esquecer um pouco da Itália, da saudades da Itália! Três anos depois de terem se estabelecido, veio uma epidemia de tifo, onde morriam famílias inteiras. Meu bisavô quando estava morrendo de tifo, ele chamou esse filho e disse: "Eu vou morrer, mas se um dia vocês tiverem condições, construam uma capela maior para Nossa Senhora das Neves". Se passaram vinte anos e eles estavam preocupados com seus trabalhos e iam esquecendo da igreja, até que em 1904, resolveram construir, cortaram as pedras, fizeram os alicerces, pegaram terra e botaram água dentro daquelas mastelas onde eles pisavam na uva para fazer o vinho, moldaram o barro com as mãos, construíram os alicerces e fizeram os tijolos. Era dezembro de 1904, estava tudo pronto, o alicerce, os tijolos e três paredes, mas tiveram que comer as uvas antes e a safra de dezembro até março foram quatro meses de estiagem, não tem uma gota de água. Foram dez meses sem chuva. Eles queriam construir a igreja só que agora não havia mais água para fazer argamassa. Meu avô estava ajoelhado na última pedra no canto, ele baixou os olhos e durante a reza e ele percebeu manchas de sangue, no momento de colocar as pedras ele deve ter cortado as mãos. E aí olhando pro sangue, ele lembrou do vinho. E ele então disse: "Eu tenho a solução para construirmos a igreja, vamos usar o vinho que tem nas nossas cantinas, no lugar da água vamos usar o vinho para fazer a argamassa. Eram vinte famílias e cada família deu trezentos litros de vinho, com seis mil litros construíram a igreja." As mulheres ficaram furiosas, ficavam cantando e amassando a uva, iam pra casa sem tomar banho, enfim, no dia cinco de agosto de 1907 o novo vigário da paróquia o padre Donato, ele veio e benzeu a igreja, agora esse ano em agosto vai completar cento e dez anos, e na grandeza de sua expressão reúne os três elementos essenciais: trabalho, vinho e fé.

Eu publiquei dois livros cômicos, depois publiquei *O Sonho de um Imigrante*, fiz uma pesquisa de dois anos na Itália, os personagens são reais, mas ele é romanceado. Em 2010, publiquei *O Tempo e o Espelho*, são contos cômicos, mas são histórias reais. E, por último então, o livro da Cooperativa Aurora. Eu dou palestras nas escolas, vem muitos jornalistas aqui, já estive na província de Trento com o governador, entrei na casa onde morou meu avô lá na Itália e as casas agora são patrimônio histórico.

Ouvir as histórias do senhor Remy foi como ver um pedacinho da Itália no Brasil.

Mateus me levou à rodoviária imediatamente, já estávamos na hora. Fui com a sensação de que eu queria ter conversado com o senhor Remy um dia inteiro para aprender com ele mais coisas sobre aquela região. Chego a Nova Prata, caminho que tracei para ir até Santo Ângelo (RS), o lugar das missões.

Sul

Nova Prata, considerada a capital nacional do basalto, retrata a evolução histórica e cultural dos imigrantes, segundo descrito em uma placa na praça da cidade. Os painéis com essa arte são enormes e lindos, contando a história do povo. Fui visitar o Museu Municipal Domingos Battistel em que tudo foi doado pelo povo da cidade: desde máquinas diversas de datilografia a máquinas rústicas de se fazer o vinho, camas centenárias, mesas e cadeiras.

Artes em Basalto; abaixo, entrada do museu; ao lado, Cristina e Fabiane.

Nova Prata também pertence à Serra Gaúcha e também é região de uva e vinho com 90 anos de história. Uma cidade pequena, tranquila, com boas lojas, comércio bom. Lá tem o Parque de Águas Termais Caldas de Prata, com infraestrutura completa, água termais, saúde, lazer, diversão. Tudo isso coroado de uma natureza exuberante.

Ao chegar a Santo Ângelo, por volta das 23h, estava bem cansada. Não é tão distante, mas o ônibus era desconfortável. O hotel estava reservado. Vou contar o que me aconteceu nessa estadia.

27 – A Porta Lascada
Ana Laura
Santo Ângelo-RS

"As sombras da lua estavam propensas para o terror"

Entrei na recepção do hotel e fui recebida por uma senhora alta, toda de preto, cabelos longos, muito lisos e bem amarrados na altura do pescoço. Seu semblante era sério. O ambiente me lembrava a personagem Mortícia, do seriado *A Família Adams*. Peguei rápido a chave do apartamento 305 e subi num elevador desses bem antigos, com porta de grade. Conforme o elevador subia eu visualizava o pequeno quadrado de cada andar até chegar ao terceiro. Quando o elevador parou no meu andar e tirei a mala e a mochila, pude observar a escuridão do fosso: parecia que eu ia ser sugada para aquele buraco escuro. Conforme andava cansada pelo imenso corredor pouco iluminado, procurava enxergar o número da porta. Não conseguia encontrar o bendito.

Fui até o final do corredor e, com mais critério e andando mais devagar, finalmente achei o quarto. Entrei, tomei um banho e apaguei.

Pela manhã, ao descer para o café, me deparei com a mesma senhora. Tentei descontrair, mas não deu certo. Terminei de comer e subi para o meu quarto para pegar minhas coisas e sair. Abri a porta e tomei um susto: onde estão meus pertences?

Então me dei conta de que, durante a noite, entrara no quarto errado: em vez de 305, o 303. A porta do quarto que eu entrei estava lascada. Mas minha chave estava certa, referia-se à porta do 305. Ainda experimentei abrir algumas portas de outros apartamentos e minha chave abriu a maioria das portas.

Desci para falar com a senhora enigmática. Mais parecia filme de suspense. Ela me disse que não tinha problema. "A senhora passe para esse quarto 304, que nenhuma outra chave abre."

Eu não disse nada, porque essa senhora me causava desconforto e eu não sabia o que poderia ser. Peguei a chave do quarto 304. A suposta Mortícia me disse que guardaria a chave 305, que abria todas as portas, para não ser usada.

Um hotel sem cuidado, com aparência de falido, administrado por esta senhora e sua ajudante. À noite, quando cheguei, disse a ela que estava com medo de dormir e alguém abrir a porta. Ela disse que eu poderia me tranquilizar que ninguém abriria a porta, porque eu estava sozinha naquele imenso hotel! Arregalei os olhos. "A senhora dorme aqui?", perguntei. Ela me respondeu que não, mas que a noite ficava o recepcionista e não tinha perigo.

Ainda precisei ficar mais uma noite, porque queria rever uma amiga que morava lá e consegui encontrá-la. A Janice veio me buscar para passearmos a noite e foi muito bom. No outro dia era domingo e passamos o dia juntas. Mas meu propósito era mesmo conhecer a Rota das Missões (meu cunhado Antonio Carlos que sugeriu), lugar onde os jesuítas e índios cumpriram suas missões. Caminhos místicos. Os sete povos das missões que são sete cidades onde os jesuítas passaram. Conheci as ruínas de São Miguel Arcanjo, a Catedral de Santo Ângelo, a praça, o museu. Viajar por essas cidadezinhas é um retorno no tempo. Sigo minha missão também, rumo a Curitiba, para fazer a ponte e entrar na região Sudeste do Brasil.

Sudeste

São Paulo, Rio de Janeiro, Espírito Santo e Minas Gerais

A região economicamente mais rica do Brasil. O estado de São Paulo é o mais populoso do país, fazendo fronteira com Minas Gerais, Rio de Janeiro, Paraná e Mato Grosso do Sul e sendo banhado a leste pelo Oceano Atlântico.

A vegetação no Sudeste é bastante diversificada: encontramos mangue na faixa litorânea, áreas de cerrado no oeste paulista e florestas tropicais a leste (Mata Atlântica e Serra da Mantiqueira).

Minas Gerais, segundo estado mais populoso e também o terceiro estado mais rico do Brasil, tem aptidão para extração mineral, destacando-se também pela agricultura e pecuária, fazendo fronteiras com o Distrito Federal, São Paulo, Mato Grosso do Sul, Goiás, Espírito Santo e Bahia.

Já o Rio de Janeiro é o menor estado da Região Sudeste, porém, tem a terceira maior população do país. A economia está baseada no setor industrial, extração mineral (petróleo) e serviços, como o turismo. O estado de Rio de Janeiro faz limite com Minas Gerais, São Paulo, Espírito Santo e é banhado pelo Oceano Atlântico.

O Espírito Santo é o quarto menor estado do Brasil. Forte na agricultura e pecuária, possui siderúrgicas e vários outros segmentos industriais. O Espírito Santo faz fronteira com o Rio de Janeiro, Minas Gerais e

Bahia. A vegetação é basicamente litorânea e com a presença da floresta tropical, igualmente seu clima é tropical.

A cultura da região Sudeste do país recebeu influência indígena, africana, europeia e asiática. Sobre a alimentação, é uma região em que a gastronomia é muito rica, pratos muito apreciados na região: feijoada carioca, queijo de minas, pizza e moqueca capixaba.

A próxima história conta sobre parte da pequena cidade de Rosana, pelo olhar de um jovem trabalhador: o senhor Antonio. No outro dia, minha tia Nilza me levou até a casa dele.

28 – Lucidez
Antonio Castaldelli
Rosana-SP *(transcrição)*

"Andar deitado em cima da madeira serrada com a lua prateada e o barco andando era gostoso"

Eu cheguei aqui em Rosana no dia 2 de março de 1955 de lancha, não tinha estrada e eu encontrei o que tinha aqui naquela época: cascavel, maleita e ferida braba (um tipo de mosca). Eu tive nove ataques de malária, e hoje com a minha idade de 89 anos e meio, fiz um exame do fígado em Araçatuba e meu fígado está perfeito e eu fiquei bobo de ver isso. Eu nasci no dia 03 de maio de 1928, em Presidente Bernardes (SP). Eu me casei dia 31 de julho de 1956, com

Elza Laurindo Castaldelli ela nasceu em 30 de novembro de 1936, hoje com 80 anos (hoje é aniversário dela). Ela está com mal de Alzheimer.

Nesse início quando vim para cá, não tinha quase nada, tinha uma serraria que estava começando a funcionar, tinham os empregados e eu cheguei para tomar conta do escritório da madeireira, fiquei até 1958 porque a madeireira fechou e eu fui trabalhar na lavoura, depois chegou um senhor dono de uma madeireira e me colocou na Camargo Correia na construção do ramal de Dourados no estado de São Paulo, depois acabou o serviço e eles me transferiram para Brasília que também depois de um tempo acabou o serviço lá. Vim para Rosana porque o meu sogro morava aqui com sua família e o funcionário da imobiliária Ribeiro Aguiar, dono do loteamento da cidade de Rosana, me colocou para tomar conta do escritório de Rosana e eu fiquei até 2003 e o serviço também acabou, mas eu já estava aposentado em 1992, eu fui ficando por aqui.

Tenho meus dois primeiros filhos o Antonio Marcos (falecido) e a Ana Rosa, a mais velha, que eu formei ela assistente social e trabalha na Fundação Casa em Araçatuba. Meu filho morreu há algum tempo. A Kátia é minha filha, porque a mãe dela estava grávida e morreu e conseguiram salvar a Kátia e eu adotei ela, minha esposa é tia da Kátia, e criamos ela como nossa filha.

Eu saí de casa com um pouco mais de 14 anos e fiquei no mundo até me casar. As casas aqui eram de madeira e a gente chegava de barco ou lancha e andava um quilômetro para chegar em casa. Já tinha uma estrada, e várias vezes eu fui para Epitácio de lancha cheia de madeira e eu ia em cima era muito gostoso (sorriso nos lábios), andar deitado em cima da madeira serrada com a lua prateada e o barco andando era gostoso! É a coisa mais gostosa do mundo!

O que me deixou mais feliz na minha vida até hoje foi a construção da Paróquia Nossa Senhora dos Navegantes e que eu ajudei a construir.

Hoje em dia do jeito que eu estou não gosto de nada mais. Não enxergo, tenho na vista direita só 5% de visão e na esquerda só 1,5%. Eu lia muito, gostava de ler e agora não posso mais. Penso que quando eu perdi a vista, isso me deixou muito triste.

O que posso dizer para as pessoas, para os jovens, é que estudem. Quem pode ir para a escola vai, quem não pode estude em casa, porque o saber não ocupa lugar. Não me queixo da sorte, não me lastimo, porque isso piora a nossa vida.

Na minha maluca geografia, daqui de Rosana entrei pelo Paraná para ir até Foz do Iguaçu e, como já falamos anteriormente, pela região Sul do Brasil.

Também passei por Franca (SP). Meus filhos puderam me visitar por lá, na cidade natal do meu falecido marido, onde estão os primos e a tia por parte dele.
Em Franca eu estudei e me formei em 1972: fiz o primeiro curso do Brasil sobre pedagogia para crianças com deficiência intelectual – trabalhei por 17 anos como professora.
Cidade dinâmica, clima agradável, capital do calçado, capital do basquete, cidade das três colinas, Franca do Imperador. É considerada a quinta cidade mais segura do Brasil e foi eleita a cidade brasileira com a melhor rede de saneamento básico para a população em todas as casas do município.

Franca o pouso dos tropeiros
Animais de carga
Homens em busca do ouro
O Pouso dos Bagres

Anselmada rebelião
Cria-se a comarca de Franca
Participou da Guerra do Paraguai
Servida pela estrada de ferro Mogiana.

Gente lutadora e corajosa
Na revolução Constitucionalista de 32
Muitos francanos morreram
E fizeram a sua parte

Hoje o calçado masculino
Se destaca na região
O café se destaca no mundo
Pelo solo que a mãe terra lhe deu!

Marlene, minha cunhada, me recebeu com muito carinho. Saliento também que nesses dias fui visitada pelos meus filhos, Rafael e Victor, e uma de minhas noras, a esposa do Victor, Lidiane. Meus sobrinhos, netos da Marlene, fizeram um churrasco para todos nós comemorarmos esse encontro maravilhoso.

Marlene é uma mulher cheia de vida, com disposição para o trabalho, e tem uma grande história.

29 – Como se ninguém te amasse
Marlene Vieira
Franca-SP *(transcrição)*

"Todo mundo me avisou – até a mamãe –,
mas eu não acreditava"

Meu nome é Marlene Vieira. Dia 16 de junho de 2018 faço 78 anos. Me casei, tenho seis filhos, hoje eu sou viúva e desquitada ao mesmo tempo. Fui criada por meus avós até a adolescência, e na adolescência eu já fiquei casa de vó, casa de mãe, casa de tia, até me casar aos dezesseis anos. Casei, não tive sorte no meu casamento vivi vinte e quatro anos com meu marido, sofri bastante e, no fim, já tinha quatro filhos casados, duas crianças menores uma de nove e outra de dez anos, eu resolvi me separar, fui pra casa da minha mãe com as duas meninas, Elaine e Heloisa, depois arrumei um namorado, fui viver com ele e vivi quatorze anos. Aí separamos que não deu certo. Depois arrumei outra pessoa que também não deu certo, porque bebia muito, igual meu marido. Depois ele faleceu e eu conheci outra pessoa que não vivi com ele. Ele vivia no apartamento dele e eu na minha casa. A gente passeava junto, viajava, fui muito feliz com ele, foi como um pai pra mim. O pai que eu não tive. E por falar em pai, o meu pai era o Barba Azul Paulista (Francisco Vieira Arantes ou Francisco Vieira Belford), para cada mulher que ele teve, tinha um nome. Minha mãe sofreu muito com ele, eu não lembro como foi à vida dele com minha mãe porque era muito pequena, mas me lembro que ele foi com os policiais na porta da casa dos meus avós. Foi buscar a gente, os dois irmãos mais velhos quiseram ir com ele, e eu fiquei com muito medo, não quis ir, era mais nova e comecei a chorar, meu avô me pegou no colo e falou para ele: "Ela não vai, porque ela não quer, agora os dois querem ir com você, então pode levar". Aí meu pai foi embora com os dois meninos que ficaram internados num colégio em São Paulo. Mamãe ficou sabendo que eles choravam muito por causa dela e nesse meio tempo ela morava em Uberaba. Quando chegou as férias meu pai foi levar as criança para ela. Mas, quando o avião subiu cinquenta metros no Campo de Marte caiu e foi onde morreram cinco pessoas, o piloto, meu pai, meus dois irmãos, e o capanga dele, que antigamente falava capanga e não segurança. Morreram todos e ficou só eu. Eu era muito pequena como já disse, não tinha sete anos ainda, e minha mãe me contava que meu pai foi casado três vezes ao mesmo tempo com nomes falsos, por isso ele foi preso. era bígamo, ele gostava de seduzir as mulheres casadas, moças solteiras, ele ficava com elas e depois abandonava em algum lugar. Antes de ele falecer eu morava com minha mãe, meus irmãos e meu o pai, mas a polícia prendeu ele porque descobriu que minha mãe ficava amarrada nos pés da mesa e ele deixava só os três filhos soltos. As janelas da casa antigamente eram de madeira e tudo era pregado a pau, com prego, pra ninguém abrir. Ele viajava dois, três dias de avião, porque ele só viajava de avião, ele era criador de zebu, enquanto os outros iam por terra tocando o gado, ele ia de avião para o lugar onde ele planejava ir. Foi lá e a polícia soltou a minha mãe. Depois disso minha mãe foi embora e me deixou com meus avós. Minha mãe nunca me falou porque ela fez isso. Meu marido bebia muito, eu vivia com muita dificuldade, morava sempre em fundo de quintal, depois compramos uma casinha bem longe, no meio do pasto, a casinha não tinha banheiro, antigamente falava fossa, no fundo do quintal, água de cisterna. Então, vivi com muita dificuldade porque ele bebia, chegava bêbado em casa e aconteciam as brigas, ele bateu muito nos meninos, as meninas tinham muito medo dele, corriam pro quarto quando ele chegava, deitava e cobria a cabeça de medo. Era dificuldade em tudo. **Todo mundo me avisou – até a mamãe –, mas eu não acreditava.** Quando eu me lembro da minha história vem na minha cabeça muito sentimento de quem foi maltratada, de ter ouvido coisas que eu não precisava ouvir e hoje eu procuro nem pensar nisso aí, eu dou tudo por esquecido, hoje eu vivo a minha vida sozinha na minha casa, tenho amizade com todos os meus filhos, noras, genros, que me tratam muito bem. Hoje tenho minha casinha arrumadinha, confortável, trabalho até hoje, com 77 anos, tomo conta de outra senhora que está com noventa e dois anos, tô bem na minha casa eu tenho tudo que eu preciso não me falta nada. Então digo pra todas vocês que sofrem algum tipo de tortura física ou nas palavras que sejam corajosas de enfrentar seus medos e vá viver feliz de outro jeito, com amor por você mesma!

À noite quando fui dormir pensei muito nessa história, que envolve familiares. Pela primeira vez chorei muito na cama. A saudade de meu marido bateu forte em meu coração. Ele e a Marlene eram muito unidos, como irmãos. A dor da perda fica cravada em nosso ser. Com o passar dos anos entramos em conformidade com o presente e fica mais fácil driblar esse sentimento. No outro dia me despedi emocionada e com o coração cheio de lembranças.

Venha sonhar comigo

Jornal a Gazeta.

Pai.

Filhos; abaixo, mãe dona Nair.

Netos; abaixo, Marlene.

Continuando meu trajeto na região Sudeste, me lembrei de que ia passar por Búzios (RJ), fiquei em uma pousada aconchegante na qual

175

conheci algumas pessoas interessantes, divertidas, alegres. Entre elas, estava Aline Norma com sua família.

Ela me disse que conhecia um projeto em Vitória (ES), sua cidade, para eu visitar. Aline é enfermeira e fez seu estágio nesse projeto. Uma história missionária.

30 – Projeto Vovô Chiquinho
Doraci, ou dona Dora
Vitória - Serra-ES *(transcrição)*

*"Os pais aqui não sabe nem qual é
o valor que tem um filho!"*

Aline e dona Dora.

Eu sou Doriedson Caetano Ferreira, um dos filhos mais velho de dona Dora, porque ela tem mais filho do que todo mundo. Aqui no projeto Vovô Chiquinho somos todos voluntários e essa história começou em Barra de São Francisco.

Nesse tempo meu avô aceitou um jovem e depois outro morar na casa dele, e lá eles recebiam local para dormir, comida, roupa, trabalho e dinheiro, porque seus pais foram embora e os deixaram sozinhos. Essa atitude se tornou normal na nossa família e minha mãe seguiu os exemplos de seu pai e começou a executar quando veio morar na Cidade da Serra, no Espirito Santo.

Esse coração solidário começou quando eu tinha dezesseis anos, e ao lado do nosso barraco tinha um barracão que meu avô havia comprado e minha mãe começou a atender as crianças nesse espaço.

O coração apertava, sufocava, mas no final era com o útero que ela pensava, pegava a criança e dizia para buscar no final da tarde. As mães diziam: "Ah, então vou levar umas fraldas e comida para senhora dar" e ela falava que a comida não precisa e assim a outra vizinha ouvia, e outra ouvia, e foi sequenciando. Vieram cinco depois seis crianças e a nossa casa se viu cheia delas, e minha mãe passou a ser mãe de todas as crianças outras a chamava de vovó Dora.

Era uma loucura tudo isso. Daí veio a ideia de implantar o reforço escolar, porque as mães pediam para dona Dora ajudar. Conseguimos uma com experiência em reforço, e assim foi seguindo o que era Associação das Senhoras e hoje Projeto Vovô Chiquinho, em homenagem ao meu vovô Francisco Alves da Silva, senhor Francisco ou Chiquinho, que nós somos apaixonados por ele, até porque ele morreu com 100 anos.

Meu vovô foi um cara muito bacana, tocava sanfona para nós, me emociono só de lembrar dessa pessoa que nos deu muita alegria e muitas gorjetas.

O projeto segue com o nome do meu vovô e hoje temos mais de 100 crianças.

Dona Dora: Eu desde que me entendo por gente sou envolvida com as crianças, com projetos para cuidar das crianças, por isso tem o nome do meu pai Vovô Chiquinho e eu sou Dora a filha dele. A gente pegava o que tinha para dar a outras crianças quando chegavam em casa, nós não tínhamos chinelos na época, mas roupa sempre tivemos e repartíamos com quem chegasse. Eu tenho sete irmãos homens e também pegava as roupas deles e dava para os meninos da região. Eu faço o que eu gosto, quando eu consigo dar alguma coisa a alguma pessoa que ele não tinha, eu fico feliz.

A gente acaba pegando o problema deles, tipo assim, o pai que vai embora e abandona a mãe com os filhos, ou a mãe que vai e abandona com o pai. Outro já mora sozinho com a mãe e não tem o que comer e a gente vai lá visitar para ver o que precisa. O problema das 112 crianças que tem aqui também é nosso problema.

Em 2013, a gente estava organizando uma festa de Natal e como não estava esperando que fosse chover, deixamos tudo em cima de uma mesa na sala, muito saco de brinquedo que tínhamos ganhado, muito material escolar, e quando amanheceu que fomos pro projeto a água tinha subido mais de um metro dentro das salas, os brinquedos estavam boiando na água, e levou sete dias para água baixar. E para ela baixar, eu mais ele (o filho), e mais umas doze pessoas, tivemos que no final do bairro onde tinha que amarrar um cabo em uma pessoa para ele ir debaixo da ponte e tirar aquelas touceiras de mato e sujeiras que tinha tampado a boca da manilha e a água se represou aquilo tudo. Era uma água podre, de cachorro morto, galinha, rato, tinha que ver a tristeza, e no final de sete dias a gente não aguentava mais limpar tudo aquilo de tanto fedor. Aqui dentro do projeto acabou tudo, tudo, nós tínhamos dez computadores aqui, foi tudo, eu sei menina que eu quase entrei na loucura. Não ficou comida, não ficou material para ensinar as crianças, não ficou colchão para os pequenos. A máquina da prefeitura veio aqui para tirar os lixos (um monte de mesa, colchão e tudo que tinha aqui). Daí a imprensa, o pessoal da Rede Gazeta, veio aqui para ver e fazer uma matéria de tudo que a aconteceu e pedir ajuda para população. E aí foi aparecendo pessoa para ajudar a gente.

Quando a gente vem pra esse mundo, Deus já determinou o que a gente vai fazer. Você pensa que é fácil? **Os pais aqui não sabe nem qual é o valor que tem um filho!** Essas crianças é o futuro do amanhã. Eu penso que se as pessoas amassem mais, de verdade, e mentisse menos seria tudo melhor.

Para mim, foi uma tarde de renovação de fé. Eu me vi envolvida com o amor dessas pessoas. Fui embora com o sentimento de esperança. Gratidão à Aline Norma.

Do Espírito Santo rumo a Minas Gerais.

Lembra-se que conheci, em Alter do Chão, a Divane e o Cláudio? Lá no Pará? Pois é, chego a Belo Horizonte e vou direto para a casa de Divane. Me recebeu como se eu fosse da família. Fiquei em sua casa alguns dias e passei por São João Del Rei, Ouro Preto, Congonhas e Bichinho (dica da amiga Dagmar Bressan).

Uma noite, Divane me mostrou um livro que sua família fez para os 100 anos de seu pai. Uma história muito bonita de um homem trabalhador, e o livro tem o nome de:

31 – O Centenário
Cedida por Divane Leite Matos
Belo Horizonte-MG

"Papai: você é 100 nos 100"

"Eu não sou velho! Na verdade, tenho é acúmulo de juventude!" Alvim Pereira Matos.

O Centenário, A História de Alvim Pereira Matos. Editora Passa Tempo, 2012.

Este livro contém trechos e passagens felizes da história de um homem que com seu eterno olhar de menino, sempre pronto e atento, mostrou o caminho da vida para todos aqueles que o admiram, tanto por suas virtudes, como também por seu enorme amor à vida. O centenário é uma homenagem sensível e bem humorada às lutas, incertezas, esperanças e sonhos dos 100 anos de Alvim Pereira Matos. Os filhos prestaram seus depoimentos no livro.

Papai: você é 100 nos 100.
23 de janeiro de 2012

Qual o segredo do senhor Alvim para ter uma vida longa, saudável e feliz? Alvim disse que sempre se esforçou em cumprir cinco mandamentos:

1) Ter muita fé em Deus
2) Ter a esposa que tenho (juntos há 70 anos)
3) Ter os filhos que tenho
4) Não fumar e não beber bebida alcoólica
5) Não mexer com mulher casada (afinal, não se sabe o calibre do revólver do marido dela)

Às vezes uma pequena história causa um impacto tão grande! A alegria de uma família que se une em prol de uma causa: o pai idoso, com lucidez e alma de um jovem.

No final da semana já estava de volta a BH. Divane e eu fomos para Lavras Novas, em sua casa de campo. Foi um fim de semana muito agradável. O Cláudio tem sua vida lá, sai, fica com os amigos e nos deixou muito à vontade.

Ao andar pela pequena cidade vi casas coloridas, diferentes, muito bem decoradas, que me lembravam casas tombadas. É um lugar que possui movimento turístico muito forte. A noite é aconchegante, os bares ficam repletos de pessoas, jovens e mais velhas, casais namorando. Divane comentou que eles fazem muitos eventos culturais. Fiquei impressionada com os artesãos de diversos segmentos apresentando seus trabalhos em suas próprias casas.

Mais tarde, Divane me convidou para passearmos de quadriciclo. E lá fomos nós duas: eu pilotando e segurando aquele guidão muito pesado com a força maior que eu podia ter. Foi tudo ótimo, até o momento em que eu estava me sentindo muito à vontade, quando passamos em frente a uma belíssima casa, e nesse momento tirei os olhos do foco para apreciar a beleza do local. Só me dei conta quando paramos em cima de um poste de iluminação. Não nos machucamos e deu tudo certo! Claro que ela comentou com o Cláudio e ele disse que a gente poderia tê-lo chamado. Depois, tivemos que tomar um delicioso vinho com um queijinho derretido no fogão a lenha para relaxarmos. Gratidão, Divane e Claudio!

Visitei uma cidade, ainda em Minas Gerais, chamada Capitólio. Meu filho Victor e sua esposa, Lidiane, se juntaram a mim para conhecer os cânions.

Pude curtir a presença deles e matar a saudade. Ficamos em uma pousada estratégica para locomoção.

Os cânions são incríveis, altos. Os canais pelos quais passamos dão uma dimensão de grandiosidade do local e o quanto somos frágeis seres humanos pela imponência da natureza.

Lá, o André, da pousada onde ficamos, me disse que gostaria de contar sua história. Uma pessoa ímpar, que conversa com todos, está sempre junto, acompanha, indica, toma cervejinha com a gente e, em um desses papos de final de tarde, me contou sua história.

32 – O Pintor
André Luís Melo
Piumhi-MG *(transcrição)*

*"Tudo que você pegar pra fazer faça
o melhor; igual ou pior, larga"*

Eu mexia com pintura e aí fui pintar um apartamento de São Paulo de uma amiga minha aqui de Piumhi (MG). Nunca tinha ido a São Paulo, achei tudo muito estranho e até pensei que isso era um inferno. O proprietário saiu e eu comecei a trabalhar sem parar, e às dez horas da noite está todo pintado. Falei com a proprietária e disse que estava pronto e que ia embora. Ela havia conversado com a arquiteta que falou para eu não ir embora que ela queria fazer a vistoria. No outro dia, ela disse que ficou surpresa, porque até a beiradinhas que estavam muito sujas eu pintei e ficou tudo muito bom. Ela perguntou se eu tinha disponibilidade de vir mais vezes pra São Paulo caso tivesse trabalho pra mim. Eu disse que sim, e daí fui embora para minha cidade Piumhi. E aí comecei, cara. Um vizinho pediu pra mim fazer um grafiato pra ele e eu nunca tinha pegado uma massa de grafiato pra fazer, eu disse que fazia, eu fui na loja comprei um galãozinho pequeno, arrumei um lugar lá, fiz um pedaço da parede pra mim ver se ia dar certo e com isso eu fiz uma casa do lado de fora todinha de grafiato. Nessa época também quantas vezes eu trabalhei com a barriga vazia e muitas vezes eu deixava a torneira aberta e tomava muita água pra não passar fome.

Quando fez mais ou menos um ano ou um ano e meio eu tinha um apartamento na minha cidade que precisava de reforma e eu comecei com esse dinheiro a reformar quando vinha pra descansar. Comecei então a mexer nele. Eu sabia que ia levar uns dez ou vinte anos pra deixar ele do jeito que eu queria, tudo arrumadinho. Depois de algum tempo levando essa vida de ficar em São Paulo e minha esposa em Piumhi, e a gente se via de quinze em quinze dias. Um dia que bateu aquela saudade eu arrumei tudo minhas coisa e fui embora. Aí quando vi na minha frente aquelas luzes tudo acesa comecei a pensar: "gente do céu, pra quem eu vou trabalhar lá em Piumhi? O povo lá me dava os cano, não me pagava, como eu vou fazer?" Aí quando vi o primeiro retorno entrei nele e voltei. Fiz isso várias vezes. Guardava todo o dinheiro que dava e comecei a ter dinheiro pra comprar as coisas que eu queria pra deixar meu apartamento bem bonito em Piumhi. Fui reformando ele, e comprando os móveis tudo à vista da melhor qualidade.

Muita coisa foi acontecendo, quando as pessoas iam jogar fora pedra boa e bonita das reformas eu pegava e levava pra minha casa, meu banheiro ficou a coisa mais linda com essas pedra. Meu carrinho o Uninho ficou todo rasgado. Isso tudo levou 18 ano de São Paulo.

Então eu tentei, tentei, tentei uns quatro anos, depois que aprendi a dar o preço, depois fui subindo o preço devagarzinho, nunca trabalhar em cima dos outros, faça você o se nome, cê tá lá ralando? Uma hora dá certo. Tudo que você pegar pra fazer faça o melhor; igual ou pior, larga. Ou eu faço bem feito, igual ou pior eu largo. **Tudo que eu pego pra fazer ou eu faço bem feito; igual ou pior eu largo!**

Antes de dar sequência no roteiro, ainda no Sudeste, me lembrei de que ao passar por Araçatuba não tive tempo de buscar uma pessoa que falasse um pouco do trabalho voluntário realizado pelos meus pais em uma das igrejas da cidade. Eles faziam um trabalho muito bonito lá, e meu amigo Luiz Murakami com sua esposa, Jane, também faziam parte desse grupo de voluntários.

Pedi então para o Luiz que escrevesse sobre esse trabalho. Foi aí que, para minha surpresa, ele desviou um pouquinho do assunto, para papai e mamãe.

Sudeste

33 – Grata Surpresa
Luiz Murakami e Jane
Araçatuba-SP *(artigo enviado)*

"Tivemos um acolhimento muito especial"

Mamãe e papai, grandes missionários.

Luiz e Jane.

Falar da Ana Laura para nós é uma alegria. Nem saberia dizer como descrevê-la em um adjetivo, talvez guerreira, persistente, sonhadora, etc. Isso não importa agora, mas para falar dela temos que voltar um pouco no tempo, mais precisamente em 1989. Nesse ano tivemos a imensa alegria de conhecer um casal maravilhoso, esse casal não por acaso são os pais dessa nossa amiga: tudo começou quando fomos convidados a fazer parte do grupo de vicentinos pelo padre Charles, na Paróquia Santo Antônio de Pádua. Foi um convite muito especial. Quando fomos apresentados à Conferência Vicentina (Sociedade de São Vicente de Paulo) **tivemos um acolhimento muito especial** pelos membros que lá estavam, mas dentre esses membros o casal Faustina Evangelista de Queiroz e Eurico Alaor de Queiroz se destacaram e a partir daí começamos a fazer parte da família vicentina. O início sempre nos causa certa apreensão, mas o casal sempre esteve atento e nos conduzia com maestria no trabalho de ajuda às famílias carentes que é o maior objetivo da SSVP. Além disso, nunca se descuidaram de nos encaminhar no fortalecimento da fé, por iniciativa deles fizemos o Encontro de Casal com Cristo e de outras formações cristãs. Eram líderes natos, a dona Faustina uma doçura de pessoa, sempre carinhosa e prestativa com todos, o senhor Eurico também muito dedicado nas causas vicentinas e cristã. A partir desse momento começamos a fazer parte de sua família. Lá conhecemos os filhos do casal: Alaor, Ângela, Armando, Giselda. A Ana Laura só um pouco depois pelo fato dela morar em São Paulo. Quando ela e seu esposo, Antonio Carlos, vieram morar em Araçatuba nos tornamos bem mais próximos, porém um fato trágico marcou muito nossas vidas. O Antonio Carlos, pessoa que dispensa comentários quanto sua gentileza e cordialidade, veio a falecer logo após sair de um jogo de futebol em São

José do Rio Preto. Ficou nossa amiga Ana Laura viúva. Sabemos que seu chão desapareceu debaixo de seus pés. Me lembro da amiga insegura e até desesperada com o que a vida lhe reservara, momentos tristes de se lembrar. Mas como diz o ditado: "o que não me mata me fortalece". Foi o que aconteceu com ela. Após tomar suas decisões, ela retornou para São Paulo e refez sua vida. Porém, sua vida não para por aí. De repente nossa amiga Ana Laura nos convida para um jantar em sua casa e revela sua decisão de largar tudo, mas tudo mesmo, desfez sua casa, vendeu seu carro, para visitar o Brasil de ponta a ponta. E foi o que ela fez. Acompanhamos pelo Facebook e Whatsapp quase toda sua trajetória por esse nosso país. Ana Laura, como dissemos no início, não temos um adjetivo só para descrevê-la e sim todos os que citamos. Abraços de Luiz Aristides e Jane Murakami.

E finalmente entro na região Nordeste com mais experiência em buscar acomodação. Descobri que havia outras formas de condução que facilitavam chegar aos locais como, por exemplo: os carros de linha (são carros particulares autorizados pelos órgãos competentes, que levam até quatro pessoas com a mesma rota de viagem).

Isso me ajudou a conhecer várias pequenas cidades que me chamaram a atenção por sua beleza, cuidados e limpeza. Foi uma agradável surpresa entrar em contato com o interior do Nordeste e ver praças muito bem arquitetadas com vários tipos de aparelhos de academia, onde os habitantes frequentam no início da manhã e ao entardecer. Nesses locais eu permanecia apenas um dia para conhecer um pouco da cultura e do jeito do seu povo.

À noite, geralmente eu ia para a praça comer um lanche em alguma das diversas barracas. Ao me sentar, sempre alguém vinha em minha direção para conversar comigo. De repente estava uma roda ao meu redor, e eu tagarelando sobre a minha viagem.

Venha sonhar comigo

Nordeste

Maranhão, Piauí, Ceará, Rio Grande do Norte, Paraíba, Pernambuco, Alagoas, Sergipe e Bahia

Essa é a região com o maior número de estados no Brasil: nove no total. Por ter características físicas diferentes é dividida em quatro sub-regiões: Meio Norte, Sertão, Agreste e a Zona da Mata. A diversidade climática apresenta-se na região com o clima equatorial úmido (no estado do Maranhão, divisa com o Piauí), litorâneo úmido no litoral da Bahia até o Rio Grande do Norte, semiárido na faixa litorânea ao norte e a área central do Nordeste, cuja região chamou de sertão nordestino.

A vegetação nordestina basicamente se distingue em resquícios da Amazônia (oeste do Maranhão), Caatinga, Cerrado e a Mata Atlântica, percebendo-se a biodiversidade existente na região. Vale ressaltar a importância do Rio São Francisco para o Nordeste, que é carinhosamente apelidado de "Velho Chico", "Rio dos Currais", "Nilo Brasileiro", entre outros. Ele é o principal rio da região e o único que corta o sertão nordestino e, mesmo durante os períodos de seca, nunca seca.

Pude presenciar na região da cidade de Areia e Alagoa Grande, em Pernambuco, o movimento de caminhões-pipa – em média 500 por dia. Visitei diversas cidades no Nordeste: desde as pequenas com pouca infraestrutura para viajantes até as regiões metropolitanas. Viajar de ônibus é sempre uma aventura nessas localidades. No Nordeste existe um sistema de viajar de van também. Muitas vezes utilizei desse meio de transporte.

Quando fui de Maceió para Piranhas (AL), em uma dessas vans, havia 18 lugares, mas pude contar 30 pessoas. Imagine só como estava. O motorista ultrapassava a velocidade permitida. Quando paramos em um restaurante na estrada perguntei a ele porque a van estava tão lotada e ele me disse que não sabia e que isso nunca havia acontecido. A jovem ao meu lado comentou que o motorista mentiu. E aí vai a lição: nós pensamos na corrupção apenas em grande escala e deixamos de observar as coisas ao nosso redor.

Há um estigma no Nordeste que percebi na fala dos povos trabalhadores. Em linhas gerais todos dizem que a vida é muito dura. E é mesmo. As pessoas da localidade precisam viajar para comprar coisas simples e básicas, como um pequeno ventilador para conseguir dormir melhor à noite. Na van, além das pessoas desciam com elas ventiladores, artigos de cama e mesa, mantimentos, material de limpeza, banquinhos para sentar e tantos outros produtos que não encontram em suas pequenas cidades. Meu coração chorou por dentro ao ver uma criança bem pequena no colo da mãe ardendo em febre. A criança quase não abria os olhos. A expressão da mãe era de muita preocupação. Perguntei a ela se a criança foi ao médico. Ela me disse que sim, mas ao chegar ao posto de saúde lá da outra cidade, o médico não estava. Uma enfermeira a ajudou com os medicamentos, e a mãe retornava para o seu vilarejo com a esperança de que seu bebê ia melhorar. A gente chegou ao local pedindo mesmo um bom banho e à noite uma comidinha. E, ao chegar nessa cidade em Piranhas, foi tudo de bom.

Nos momentos em que estava pelo turismo, visitando os mais belos lugares do Brasil, foi no Nordeste que senti realmente a dor daquilo que não se vê. Foi enriquecedora essa experiência, porque me trouxe sentimentos profundos de humanidade, compreensão e um respeito imenso por esse povo que marcou esse caminhar.

Após essa abertura sobre a região e o povo do Nordeste, entro no Maranhão por sua capital, São Luís.

São Luís, Jamaica brasileira
Tem reggae raiz e reggae Nutella
Tem Tribo de Jah
É banda de cegos
Genuína, incrível
Resgatam a origem
Cultura reggae

Tive o prazer de conhecer a família da Rita Muniz – Ritinha – e Paulo Muniz, e de ficar na casa deles. Eles têm um apartamento maravilhoso em São Luís. Lá fui recebida com muito carinho.

Como cheguei até eles? Por meio da Ada Cordeiro, de Brasília. A Ada pediu para a Ritinha me receber em sua casa e, prontamente, ela e sua família abriram as portas para eu entrar. Eles têm três filhos: Polyana, Paulo Junior e Isabella, que mora na Alemanha. Fiquei com essa linda família durante uma semana.

34 – Arquivo Público
Polyana de Fátima Magalhães Muniz
São Luís-MA *(artigo enviado)*

"Todos devem estudar História. É a falta dela que nos trouxe tantos males, alguns que continuam a se repetir"

Meu primeiro contato com o Arquivo Público do Estado do Maranhão ocorreu no primeiro período do curso de História; me graduei pela Universidade Estadual do Maranhão. Nessa época, ainda me sentia maravilhada e confusa com o que significava a universidade. Tentando entender como minha vida se transformava, embora eu não tivesse noção do tamanho dessa transformação e do que ela fez por mim como ser humano.

Uma das disciplinas destinadas aos calouros se chama "Iniciação a Pesquisa Histórica". Ela nos apresenta as primeiras discussões sobre História, Tempo, Memória e como trabalhar com pesquisa.

É engraçado como a vida adulta nos propõe tantos desafios e nos força a mudar de rumo e opinião, às vezes contra nossa vontade. Quando adolescente o que mais me interessava nos livros e revistas que eu constantemente lia eram os artigos com curiosidades históricas e arqueológicas, sobre múmias, tesouros e guerras. Eu sonhava em ser uma cientista que iria descobrir algo inédito e importante para a humanidade. Esse primeiro contato com a pesquisa me fez sentir exatamente assim, uma cientista. Mais tarde, já no final do curso, surgiu a oportunidade de trabalhar novamente no APEM. Fui selecionada como bolsista em um projeto desenvolvido com a FAPEMA (Fundação de Amparo a Pesquisa e Desenvolvimento Científico do Maranhão) e o Arquivo Público. Esse projeto tinha como objetivo conservar e preservar documentos, e construir um instrumento de pesquisa para facilitar o acesso ao acervo. Um instrumento de pesquisa é uma grande ajuda para a comunidade, pois lista e resume o conteúdo presente no acervo, facilita a busca. Meu trabalho consistia em ler e organizar uma série de documentos avulsos, buscar referências a escravidão, e produzir um verbete que deveria conter as informações mais relevantes sobre o texto.

Todos devem estudar História. É a falta dela que nos trouxe tantos males, alguns que continuam a se repetir, não por que não possuímos histórias (e somos tão ricos nesse sentido), mas por nos esquecermos delas. Por vezes os fatos podem ser brutais, injustos, ou até distorcidos. Mas há versões que temos sobre o nosso passado, e há diversas já que são também diversos os agentes envolvidos, nos mostram que caminho seguir, ou não seguir. E esquecer o que ocorreu nos dá oportunidade de cometer os mesmos erros e desmandos.

Em São Luís do Maranhão, encontrei-me com a Carol e a Letícia, as jovens que me acolheram em Alter do Chão, no Pará. Pois é, elas moram em São Luís. Convidaram-me para fazer um passeio em uma pequena cidade chamada Alcântara, que foi estabelecida pelos franceses no século XVII. As ruínas me chamaram a atenção: são inúmeras, de possíveis belas casas que foram abandonadas durante suas obras. Visitamos também a igreja de São Matias, construída em 1648, na fundação da cidade, e a igreja Nossa Senhora do Carmo. Alcântara viveu uma época de grandes festas do período colonial e hoje é uma cidade calma, isolada. Outro dia fomos a um lugar chamado Raposa, onde pescadores e rendeiras apresentam seus artesanatos.

Conheci também o Jefferson, amigo da Carol e da Letícia. Ele comentou sobre sua cidade, Imperatriz, com tanto amor que, algum tempo depois, me enviou um artigo.

35 – Imperatriz
Jefferson Sousa
Imperatriz-MA

"Qualquer pessoa pode viajar sozinha"

Eu nasci e vivi em Imperatriz. Depois de 26 anos estou morando na capital, São Luís. Como jornalista, por amor e formação, já ouvi e descrevi várias histórias e, numa delas, encontrei Ana, um ser sensível e iluminado que estava em busca do contato com o outro de uma forma ampla e exemplar.

Lembro como se fosse hoje o sentimento de paz que senti ao ver Ana entrar no carro de Carol Aragão, produtora cultural e grande amiga, para seguirmos em direção à região metropolitana. Raposa e Alcântara fizeram parte do itinerário e, por lá, tive o prazer de conversar mais com Ana. Sua vitalidade, jovialidade e amor me fazem refletir diariamente sobre como temos que aproveitar ao máximo essa experiência que se chama viver. Do saguão do aeroporto, de onde teço essa história, me recordo das palavras de ousadia de Ana: **"qualquer pessoa pode viajar sozinha"**.

E é com essa frase que me desloco em busca de aventuras. À Ana, só tenho eterna gratidão.

Após esses passeios maravilhosos retornamos para São Luís e eu me preparei para, no próximo dia, seguir em frente minha jornada. Despedi-me da família Muniz, que me acolheu como se eu fosse parte de sua família. Gratidão!

A Ritinha me indicou uma agência de turismo mais em conta para me levar até Barreirinhas (MA), onde pude conhecer os Lençóis Maranhenses. Lugar de beleza exótica na simplicidade da natureza. Para chegar até lá fomos de pau de arara (pequenos caminhões com carrocerias abertas e repleta de bancos). Neste dia, choveu muito, o que prejudicou um pouco o passeio. Mas fomos recompensados com a visão das dunas e das lagoas, repletas de água morna, nos proporcionando banhos afáveis.

No outro dia segui em frente, rumo ao Piauí, para uma cidade chamada Parnaíba. Próxima aventura: Delta do Parnaíba. Havia conhecido o senhor Jairo, sua esposa, Zaire, e o Felipe, filho do casal Rocha de Souza. Eles me convidaram para ir de carona até o Piauí, porque eu chegaria muito mais rápido.

As estradas são boas, mas o movimento de animais é intenso, tanto do gado quanto dos jegues. Chegamos bem em Parnaíba. No outro dia, a família Rocha Souza foi para outro lugar e eu fiquei dois dias em Parnaíba. Ficamos amigos e, sempre que podemos, nos falamos.

Delta do Parnaíba
Delta das Américas
Foz do Rio Parnaíba
Lá! Entre Maranhão e Piauí

Lugar lindo!
Repleto dos guarás!
Em seu rio caudaloso
E suas dunas desérticas

Manguezal, mangue
Úmidos em seu ecossistema
Cinco braços que impressionam
Em seu cenário paradisíaco

36 – O Homem Caranguejo
Ana Laura
Parnaíba-PI

"Muito passa despercebido pelo turista"

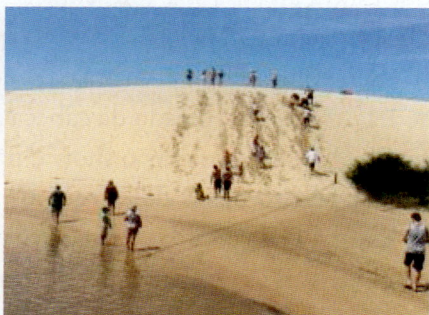

Essa parte eu conto. Há uma curiosidade sobre a cidade de Parnaíba que notei enquanto caminhava pelas ruas da cidade: a maioria das pessoas que passavam por mim me cumprimentavam, inclusive aquelas que estavam dentro de seus carros. Na cidade, tem o porto das barcas um dos principais pontos turísticos de Parnaíba, segunda maior cidade do Piauí.

Fiz um passeio ao Delta do Parnaíba, o mais tradicional deles. Fomos ao Morro do Meio, lagoas das ilhas dos Poldros e Porto dos Tatus. Na embarcação que nos leva cabe até mais ou menos 80 pessoas. Enquanto nos dirigíamos aos passeios conforme o combinado, cantores nordestinos animaram os turistas.

O barco parou em um mangue e, de dentro dessa vegetação fechada, saiu um homem coberto de lama se arrastando por entre os mangues. O guia turístico falou ao microfone que ele era o "Homem Caranguejo" e que estava ali para sua apresentação, incluindo a demonstração do caranguejo macho e fêmea. Ele vive do que os turistas jogam para ele. A cena me deixou um tanto confusa e comovida. O que sei é que vi um homem se arrastando enlameado da cabeça aos pés, e esse rastejar me entristeceu, por ver que a pessoa faz o show e não tem o reconhecimento da arte que ele faz. **Muito passa despercebido pelo turista.**

Em uma das paradas do barco percebi uma senhora com seus dois netos jovens. Eles gostariam de descer e esta senhora, nesse momento, não quis ir. Como eu estava bem próxima a eles me ofereci para ficar com esta senhora. Ela e os netos concordaram imediatamente. Me sentei então ao lado de dona Fátima Pinto da Paz, que reside em Fortaleza (CE).

Dona Fátima dizia coisas muito bonitas. Anotei algumas:

"Você aprende, você colhe para distribuir."

"Minha filha, viajar é vida, você constrói um mundo de convivência com as pessoas desconhecidas."

"A gente percebe que somos todos iguais e estamos colhendo o que plantamos."

"As pessoas são carinhosas, elas me seguram, me dão suporte, por isso até viajo sozinha muitas vezes."

"Eu acho que a vida é uma troca, você troca sorrisos, você troca cara feia, você troca tudo, mas devolve de acordo com o que recebe."

Venha sonhar comigo

Dona Fátima me disse que nasceu em Manaus e foi para o Ceará em um povoado chamado Ipu Mazagão ainda com meses de vida e ficou nesse lugar de 1938 a 1958. Dona Fátima nasceu em 12 de junho de 1938. Foram expulsos pela seca de 1958 para Porto Velho (RO), com seus pais e seus irmãos. Lá ela se casou e teve três filhos. O marido faleceu quando já moravam em Belém. Após oito anos, sua filha se casou com um cearense e, então, dona Fátima retornou para Fortaleza, onde reside até hoje. Ao encerrar esse passeio, dona Fátima e sua neta Rafaela Paz me convidaram para ficar em seu apartamento quando eu fosse para Fortaleza.

No outro dia fui embora para Jericoacoara (CE), ainda considerada uma vila de pescadores lindíssima que conserva um ar rústico, com muitos quilômetros de dunas entre Jijoca e Jeri.

Ao andar pelas ruas da vila percebi muitos estrangeiros. O que me causou estranheza foram os horários diferenciados do comércio em geral: lojas que abrem no final da tarde ou já noite a dentro. Conheci a Rita, uma pessoa incrível, que tem uma barraca de artesanato de bijuterias e, por meio, dela conheci também a Paula e as meninas do coco. Paula Isis Castelli, uma jovem empresária do ramo de alimentação que toca, dança e canta sobre o coco juntamente com suas amigas me envia uma síntese sobre a roda de coco.

37 – Coco de Roda
Paula Isis Castelli
Jericoacoara-CE *(artigo enviado)*

"Tá caindo fulô!"

O Coco de Roda é um ritmo proveniente da cultura popular nordestina do Brasil, que se espalha por diversos estados. A maioria das festas populares está associada ao trabalho. Atualmente o trabalho parece não remeter à diversão, entretanto os nossos antepassados já festejavam junto ao período do trabalho, eram nas farinhadas, por exemplo, que aconteciam as cantigas, que tocadores de pífano eram convidados para animar, que se puxavam as emboladas. Da mesma forma é o Coco de Roda. Acredita-se que a cadência desse ritmo surge a partir do trabalho da quebra do coco, sendo essa sonoridade marcada hoje pelas palmas e tamancos de madeira, além do ritmo surge também à cantoria, expressada em forma de perguntas e respostas, lembrando o repente improvisado. Existe inclusive uma forte presença afro-indígena no Coco de Roda.

Acredita-se também que essa dança pode ter surgido a partir da construção do piso das casas feitas com barro. O saber do coco normalmente é passado de geração em geração. Aqui em Jericoacoara vem se formando um grupo de mulheres que se chama ARMININA (Coco de Fulô), em que aprendemos juntas a cantar, tocar e dançar. Sempre em forma de brincadeira e com leveza vamos levando nosso grupo, que foi justamente dessa mesma maneira que ele nasceu.

ARMININA - Coco de Fulô fazendo uma participação no intervalo do Forró Baião de 4, no Espaço Serramar, em Jericoacoara.

Em seguida, uma música para lembrança:

Fulô - Casa de farinha

"Tá caindo fulô, ê, ta caindo fulô Tá caindo fulô, ê, ta caindo fulô Lá do céu cá na terra, ê ta caindo fulo"

Quem ouviu o meu cantar Um pouco me conheceu Vou levar no coração A fulô que tu me deu

"Tá caindo fulô, ê, ta caindo fulô Tá caindo fulô, ê, ta caindo fulô Lá do céu cá na terra, ê ta caindo fulo"

E sempre que chega a hora De partir pra outro chão Deixo a tristeza de fora E canto minha louvação

"Tá caindo fulô, ê, ta caindo fulô Tá caindo fulô, ê, ta caindo fulô Lá do céu cá na terra, ê ta caindo fulo" (1)

Eu não vou estar aqui Mais nunca vou me esquecer O calor que recebi Dou de volta pra você

"Tá caindo fulô, ê, ta caindo fulô Tá caindo fulô, ê, ta caindo fulô Lá do céu cá na terra, ê ta caindo fulo"

Vou-me embora, vou-me embora Deixo aqui meu coração Vou saindo em plena aurora Deixando fulô no chão

"Tá caindo fulô, ê, ta caindo fulô Tá caindo fulô, ê, ta caindo fulô Lá do céu cá na terra, ê ta caindo fulo"

Coco de Roda na varanda poética, na Casa de Taipa, em Jericoacoara; à direita, um dos primeiros ensaios D'ARMININA.

Jericoacoara foi uma experiência intrigante. Fiquei em um *hostel* rodeada de alemães, venezuelanos, argentinos e coreanos, o que dificultou fazer amigos.

O pôr do sol em Jeri é indescritível, em torno de 17h todos vão em direção às dunas para ver o espetáculo. O cenário é cinematográfico, como se o céu estivesse em chamas.

Venha sonhar comigo

E chega mais um dia. Bora para Fortaleza. Conforme acertado, fui para a casa de dona Fátima. Ela me recebeu com seu filho Francisco, pai da Rafaela, que mora com dona Fátima. Estava também sua nora Valdirene, mãe de Júlio Cesar.

No dia seguinte à minha chegada, dona Fátima propôs que nós fôssemos em Ipu Mazagão. Viajamos até Itapipoca de ônibus e, depois, pau de arara para nosso destino. Experiência especial, única e divertida. A sensação era de fazer massagem coletiva, bate aqui, bate ali. Chegamos. Subimos a pé uma trilha rumo ao topo da serra. Lá do alto todo o esforço foi recompensado pela beleza da paisagem do local.

Essa casa é da Lita e do Laudelino, que me receberam com muito amor. Eles têm cinco filhos: Adriano, Valdemir, Leandro, Aline e Laina, além de um neto chamado Daniel na serra do Barro Vermelho. Todos eles dormem em redes e eu tive a honra de dormir em uma cama, pois não consegui dormir em uma rede. A Lita fazia comida deliciosa e biscoitos maravilhosos. Em toda a minha vida nunca comi tanto a ata ou pinha, que é fruta da localidade, por sinal docinhas e deliciosas. Eles plantam, colhem e vendem as pinhas. Tudo sem agrotóxicos.
Diverti-me com todos eles, morguei até. Descansei fisicamente de uma jornada que vinha pesada há meses. No final da semana veio o filho de dona Fátima com o neto, César, para irmos embora.

No outro dia conheci a Ieda da Paz, filha de dona Fátima, que logo me chamou para passear. Fui com sua filha, Munira, e um amigo dela, Marcio

Reinaldo, a uma exposição de artes e depois a uma pizzaria. Dormi na casa da Ieda, essa pessoa maravilhosa.

Quando ainda estava na casa de dona Fátima, fui conhecer José Ricardo, indicado pelo meu amigo Daniel Sangar, de São Paulo. José Ricardo faz um trabalho em Fortaleza na Universidade Sem Fronteiras, trabalho realizado com as pessoas da terceira idade para aprenderem a utilização do celular. Ele recebeu um casal de amigos em sua sala de aula e eu tive o prazer de conhecer o senhor Miguel.

Dona Fátima.

38 – Pedra Branca-CE
Miguel Bezerra
Fortaleza-CE *(artigo enviado)*

"Santa Cruz do Banabuiú, uma história de construção"

Meu olhar sobre Santa Cruz do Banabuiú e o protagonismo social e político que encontrei, durante um processo de construção durante minha pesquisa. A escassez hídrica no estado do Ceará é assustadora quando olhamos pelo ponto de vista de desenvolvimento humano. Sem água, o desenvolvimento ocorre de forma mais lenta ou, em muitos casos, nem ocorre. Foi para estudar a situação dos mananciais no município de Pedra Branca, em especial o Rio Banabuiú e as pressões antrópicas sobre este e as consequências destas pressões sobre a Barragem Padre Geraldo Dantas, na localidade de Riachão do Banabuiú, que encontrei a Associação Beneficente Comunitária Santacruzense – ABCS. Esta história simples, que não começa pelo início, é para simbolizar uma luta muitas vezes solitária de um homem que muitas vezes contava apenas com a generosidade de sua esposa, Cléo, que docemente o fortalecia para continuar seu caminho no dia seguinte. Falo aqui um pouco do que encontrei no percurso que fiz durante minha estadia em Santa Cruz, com Miguel e Cléo, que generosamente apoiaram a minha pesquisa.

Senhor Miguel e esposa.

Minha pesquisa se deu de maio ao final do mês de outubro de 2016. Todos os dias, eu visitava sítios, também acompanhava a rotina da ABCS. O prédio da associação funcionava em horário comercial normal, com inúmeras demandas feitas pela comunidade, lembrando que a prefeitura municipal de Pedra Branca, em nenhum momento apoiou esta associação no período citado. Demandas várias como consultas, cirurgias, traslado de pessoas, informações, marcação de consultas, documentos, perfuração de poços, entre outros serviços, eram ações rotineiras que se via realizadas por intermédio da associação.

A identidade do lugar é o primeiro passo para pensar uma boa estruturação de políticas sociais, e o fortalecimento da identidade local, é uma questão de humanizar, aproximar a identidade com a autoestima das pessoas. Foi possível identificar um protagonismo muito forte sendo criado por meio da comunicação de esperança, que mostrou a possibilidade de cada um buscar suas mudanças por meio de uma organização comunitária. O elo que Miguel construiu por meio de entrevistas na rádio, ora acompanhando pacientes, ou encaminhando pacientes para intervenções cirúrgicas, visitas às famílias, mesmo que para uma conversa, mostrou que é possível construir movimentos comunitários honestos, mesmo dentro de um período político, sem a "politicagem" que costumamos ver antes, durante e depois de uma período eleitoral.

Só quem sabe o que significa andar com baldes d'água na cabeça, por quilômetros, entende que a perfuração de um poço não é um ato político, mas um ato humano. Só quem viveu sempre à margem da inclusão, esperando um ato sincero que nunca veio, entenderá a importância de lutar dia após dia, para conseguir uma telefonia móvel, que para além de uma tecnologia aplicada, é também um fortalecimento a segurança pública. Acessar água de qualidade, comunicação e outros direitos são imprescindíveis. (Texto redigido por Maria José Vieira, Pedagoga, especialista em Educação Comunitária em Saúde, MBA em Gestão Ambiental e Desenvolvimento Sustentável. Trabalha atualmente do Gerenciamento e Formação Esportiva: mazezinhavieira@hotmail.com)

Após sair de Fortaleza fui para Natal, no Rio Grande do Norte. No entanto, tenho mais duas histórias que pertencem ao Ceará.

No Rio Grande do Norte, cheguei até Mossoró e vi no mapa que estava bem próxima a Canoa Quebrada; fui até lá.

Chego a Aracati para pegar uma van e ir até Canoa, uma aldeia de pescadores que foi pacata até mais ou menos os anos 1970.

Hoje, Canoa Quebrada, diferentemente de Jericoacoara, já tem asfalto, eletricidade, muitos restaurantes, facilidades diversas. Apesar disso, a vila encravada no alto de uma falésia mantém seu astral alternativo.

Para complementar minhas informações, consultei o site Site Férias Brasil.

Fiquei nesse lugar uma semana. Andava pela vila fazendo muitos amigos, passeios maravilhosos.

Conheci na pousada, o Willo, jovem educado que comentou sobre sua querida avó, dona Agripina, de 97 anos. Fui até a casa dela.

Nordeste

39 – Labirinto
Agripina dos Santos Freire
Canoa Quebrada-CE *(transcrição)*

"O lugar era nosso e eu nunca ouvi falar que tinha dono"

Sou nascida e criada aqui na Canoa Quebrada, todo o pessoal mais velho de minha família já morreu tudo. Só tem eu mais velha agora. Quando eu me entendi gente, já conhecia todo mundo aqui da Canoa. Nunca saí daqui, só uma vez quando meu marido se aposentou fui a Fortaleza, mas não gostei e voltamos logo.

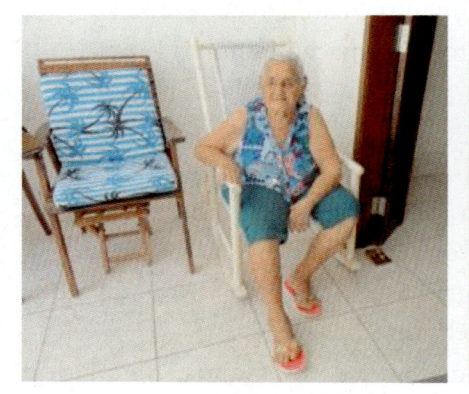

Labirinto.

Antigamente as casa daqui era de palha, não tinha esse negócio de telha. As casa era uma aqui, outra acolá, não é como hoje tudo junto. **O lugar era nosso e eu nunca ouvi falar que tinha dono**, nós que nascemos aqui é que dominava essa terra, ela não tinha dono. Nossa vida aqui era assim; os homem era pescador e casava tudo aqui mesmo, e as mulher fazia o **labirinto**, toda a vida aqui nós fizemo o labirinto até hoje minha filha faz. O labirinto é um artesanato feito de pano fininho. São dois arco que prende o pano e a gente tece nele e a gente faz do tamanho que quer como toalha, caminho de mesa, pano de prato e outras coisas. Eu aprendi essa arte com minha mãe. Mas o pessoal mais velho comentava que veio um mulher chamada Margarida Laboré, ela veio conhecer a Canoa Quebrada, gostou daqui e ficou. Aí ela ensinou todo mundo que queria aprender. Quando os homem saiam para pescar, era mais ou menos as três ou quatro hora da madrugada e voltavam quatro hora ou cinco da tarde. Outras vezes eles ficavam três ou quatro dias pescando lá no alto como a gente chama. Eles vinha com aqueles peixe grande chamado Pargo, traziam também Cioba, Dentão, tudo peixe grande. Pra gente cozinhar precisava descer as dunas para pegar água, descia as dunas até o mar, a gente tá aqui em cima, e lá embaixo fica o mar. A gente fazia um buraco muito grande e colocava uns caixão e a água borbulhava e saía de dentro da areia era doce e você tomava como água mineral. Essa água existe ainda, mas está salobra. O mar tá crescendo cada dia mais, ele tá chegando perto da cidade, então não dá mais para usar essa água como antigamente.

O fogão era feito de tijolo no chão e a gente cozinhava. A gente tomava banho no mar, lá no fundo mesmo, era uma delícia, depois tirava a água da cacimba com a lata para tirar o sal do corpo da água do mar, isso tudo no mar mesmo. Não usava sabonete, não tinha. Às vezes usava o sabão grosso mesmo, mas nem precisava porque a água do mar tira tudo, limpa a gente e depois como já falei jogava a água doce pra tirar o sal. À água para fazer a comida e beber a gente trazia na lata d´água, na cabeça. Meus 11 filho nasceram aqui na minha casinha. Mas muitos morreram com um ano, um ano e meio. A gente tinha que ir pra Aracati, e ia a pé. Levava umas três horas pra chegar lá. Depois começou a vim um carro lá de Aracati, até o pé da duna e levava o pessoal e trazia. Já melhorou. Eu sinto saudade por uma parte gostava mais do passado, antigamente tinha muita fartura de tudo até de legume. Agora hoje tem uma parte boa, que entra mais dinheiro com nosso trabalho. Então tem coisa boa e coisa ruim, como na vida, né?

A Banda - Escola de Música Eulina Freire Eduardo de Freitas - Canoa Quebrada.

Festa em homenagem ao Dia das Mães 2017, em Canoa Quebrada, na qual eu estava presente.

Dona Agripina me convidou para participar do Dia das Mães, comemorado no dia seguinte. As mulheres se reúnem e trazem seus quitutes. Na calçada, são colocadas várias mesinhas com cadeiras e as mães tomam seu café da manhã.

Tive o prazer de ir até lá e fiquei emocionada com a alegria delas. Enfeitaram a rua e a banda veio. Tocam tão bonito! São crianças, jovens e alguns adultos.

Agora, rumo a Natal, capital do Rio Grande do Norte.

Alter do Chão me trouxe muita boa sorte. Conheci outra pessoa maravilhosa, da qual fiquei muito amiga: Sol Andrade, que me acolheu em sua casa em Natal.

Ficamos em sua casa conversando, conheci seus filhos encantadores, tomamos um delicioso café, especialidade da Sol, e à noite fomos para uma roda de samba.

Na simplicidade do local e do povo afetuoso, me diverti e explorei um lado meu que estava adormecido: a dança.

Foram dias intensos com essa minha amiga querida Sol Andrade: passeamos pela cidade, fomos à praia e nossas conversas eram profundas, sobre a vida, família e nós, mulheres que gostam de viajar, de ser livres.

Sol é uma mulher guerreira. Já viveu inúmeras experiências catastróficas, saiu do prumo algumas vezes, mas esse amor imenso pelos filhos faz com que ela se levante e em sua revolução interna e mostre um coração generoso.

Conheci seus filhos Angela, Felipe e seu genro, John (o Gabriel, seu outro filho, não estava lá). Jovens de alma linda, enfrentando como outros tantos diversos no país a dificuldade de trabalho, mas se viram de várias maneiras com seus artesanatos.

Minha surpresa ao andar por Natal foi enorme, pois já havia estado lá em 1995 e o desenvolvimento foi avassalador. A capital do Rio Grande do Norte é conhecida mundialmente. Conheci o teatro

Nordeste

Alberto Maranhão, a Coluna Capitolina Del Pretti, o Museu da Cultura Popular, a praia de Ponta Negra (passamos o dia nessa praia paradisíaca) e muitas outras praias e locais maravilhosos.

Sol e mar
Ondas pequenas
Quebram pedras
Garoa e sol

Afunda areia
Menino bebê
Menino criança
Brinquedo na mão

Homem passa
Chapéus, bonés, viseiras
Mulher encanta
Ornamenta cabeça

Na praia de Pipa
Horizonte areias
Vidas divertem
Pequenas dunas

Num desses dias de passeio fomos até o Instituto Câmara Cascudo, hoje administrado por Daliana Cascudo, neta desse famoso escritor, advogado, jornalista, antropólogo e historiador.

40 – Ensaio: Luís Da Câmara Cascudo
Daliana Cascudo Roberti Leite
Natal-RN *(artigo enviado)*

"O melhor produto do Brasil ainda é o brasileiro"

Luís da Câmara Cascudo nasceu em Natal, na Rua Senador José Bonifácio, chamada Rua das Virgens, 212, no Bairro da Ribeira, numa Sexta-feira, dia de São Sabino, a 30 de dezembro de 1898, às 17h30. Seus pais eram Francisco Justino de Oliveira Cascudo e Ana Maria da Câmara Cascudo, nascida Pimenta. "O nome *Cascudo*, no caso, não é o inseto, o coleóptero, mas vem do peixe de loca, Acari", explica.

Iniciou-se como jornalista em outubro de 1918, no jornal *A Imprensa*, de propriedade de seu pai. Colaborou em todos os jornais de Natal e em vários do país e estreou como escritor lançando o seu primeiro trabalho Versos Reunidos, em 1920, antologia poética de Lourival Açucena, com introdução e notas de sua autoria. No ano seguinte, 1921, publicou o primeiro livro inteiramente seu *Alma Patrícia*, crítica literária em torno dos poetas potiguares desconhecidos do resto do Brasil. Sua consagração como escritor, entretanto, ocorreu a partir de 1938-39 e, sobretudo, ao longo da década de 40. Escreveu sobre os mais variados assuntos, sendo evidente a sua especialização na etnografia e no folclore e a sua predileção pela história, pela geografia e pela biografia. São mais de 230 livros, plaquetes e ensaios.

Podemos dizer que Cascudo teceu uma imensa teia de interligações na pesquisa do folclore brasileiro, buscando as suas origens mais remotas e mostrando as suas múltiplas facetas nas diversas regiões do país e do mundo. Para ele, o regional estava precedido por um universal maior, de onde tudo surgia e se explicava.

Era um otimista irrecuperável. Acreditava no futuro grandioso do Brasil e explicava desta forma os fenômenos cíclicos das agitações brasileiras: "Quando nasci o Brasil estava à beira do abismo. Passados os anos, uma das duas coisas deve ter acontecido: ou o abismo fechou ou o Brasil alargou. O que está se processando no Brasil é uma fase lógica, com a presença dos problemas mundiais que aqui arribaram. Falar em problemas brasileiros, em abismos, é ignorar o que se passa e passou no resto do mundo. Desvalorização da moeda, desajustamento psicológico, tudo isto são ciclos. Antes de tudo é preciso acreditar que estamos aqui numa missão humana e que nada disso é castigo nem penitência acima de nossas possibilidades de resolução. **O melhor produto do Brasil ainda é o brasileiro**". Nada mais atual e adequado.

Um dia ainda na casa da Sol, o Felipe me perguntou se eu conhecia um site chamado Curiozzo. Já entrei na *Internet* e fui ver sobre o que era e me deparo com uma interação bem bacana sobre a cidade de Natal e suas belezas. Li um dos artigos de Curiozzzo e o Henrique Araújo, seu editor-chefe, me cedeu a matéria abaixo, que achei ter uma sincronicidade com o livro.

Formado em Sistemas de Informação, Henrique é viciado em *Internet* desde muito cedo, e mais recentemente encontrou na produção de conteúdo uma nova paixão: criou o Curiozzzo em 2014 para levar o Rio Grande do Norte (onde vive desde criança) para o mundo de uma forma criativa e diferente.

41 – CURIOZZZO
Henrique Araújo, editor-chefe
Natal-RN

"Sete cidades do Rio Grande do Norte com nomes curiosos"

1. Jardim de Piranhas

O nome desse município divertido já foi alvo de algumas

piadas na *Internet*. Ele está localizado na mesorregião Central Potiguar, e de acordo com o censo realizado pelo IBGE no ano 2008, sua população é de 14.139 habitantes.

Segundo o que se conta, no século XIX, **dois homens estavam atravessando o Rio Piranhas**, que corta a cidade, **quando foram atacados por piranhas**. Eles, então, teriam visto a imagem de Nossa Senhora dos Aflitos e rezado para ela. Depois do ocorrido, as terras passaram a ser chamadas de Fazenda Piranhas.

Tempos depois, uma mulher muito rica da região chamada Margarida Cardoso Cavalcante doou um terreno para a construção da capela Nossa Senhora dos Aflitos, **surgindo assim um povoado** que recebeu o nome de Jardim de Piranhas, por estar localizado na Fazenda Jardim, nas margens do Rio Piranhas.

Ah, e quem nasce na cidade é *jardinense*.

PS: não há informações se os homens sobreviveram ao ataque das piranhas.

2. Venha-Ver

O município de Venha-Ver está localizado na mesorregião do Oeste Potiguar, e sua população no censo demográfico de 2014 é de 4.121 habitantes.

Segundo os mais antigos, antigamente havia na localidade **um namoro polêmico entre a filha de um fazendeiro e um de seus escravos**, que teria causado bastante descontentamento ao pai. Este então, para acabar com o relacionamento e manter sua cria longe do escravo, a mandou para outra região do estado.

Algum tempo depois, o fazendeiro foi à procura da filha, e na manhã do dia de sua partida recebeu de uma de suas escravas a informação de que ela estaria novamente em contato com o amado.

O homem não acreditou na informação, por isso, a escrava que havia contado essa história chamou a filha do fazendeiro para comprovar que a informação era verdadeira. E disse-lhe: "**venha ver**". Algum tempo depois, esse povoado passaria a se chamar "Venha-Ver".

Quem nasce na cidade é *venha-verense*.

3. Pau dos Ferros

Praça da Cidade.

Esta é uma das mais importantes cidades da região Oeste Potiguar, com 29.954 habitantes de acordo com o censo do IBGE de 2015. Ela também é conhecida por "Capital do Alto

Oeste", "PDF", "Princesinha do Oeste", "Terra da Imaculada Conceição" e "Terra dos Vaqueiros Bravos".

O nome da cidade **vem de uma árvore**, mais precisamente de **marcas fixadas com ferro em brasa** numa oiticica, uma planta de muitas folhas típica da vegetação do sertão semiárido do Nordeste, que, pela sua grande dimensão, oferecia uma farta sombra e servia de local para o repouso dos vaqueiros, que chegavam cansados de longas caminhadas.

Já quem nasce ali tem o gentílico de *pauferrense*.

4. Passa e Fica

Pedra da Boca.

A enorme rocha se encontra na Paraíba, porém seu acesso principal é pela cidade de Passa e Fica.

Passa-e-Fica é um município potiguar localizado no

Agreste Potiguar, a sudoeste da capital do estado, e sua população foi estimada no ano de 2012 em 11.519 habitantes, pelo IBGE.

Conta-se que no ano de 1929, num lugar desabitado localizado à beira da estrada que liga a cidade de Nova Cruz a Serra de São Bento (RN), um homem chamado Daniel Laureano de Souza construiu sua casa, e assim deu início a um povoado.

Nesta casa que ele montou um pequeno comércio, e passou a bancar jogos e vender aguardente aos que por ali passavam. O pequeno negócio tornou-se conhecido de todos, **que ao passarem pela estrada eram atraídos a entrar na bodega e não queriam mais sair.**

Com o passar do tempo o pequeno empreendimento tomou influência pelas redondezas, dando origem a um pequeno núcleo populacional ao seu redor.

Contam que um dos moradores da área, Antônio Luiz Jorge de Oliveira, conhecido como Antônio Lulu, para justificar o sucesso da bodega, dizia que a**quele lugar era um local onde se passa e se fica**, e assim surgiu o termo "passa e fica". E olha o gentílico de quem nasce em Passa e Fica: *passa-fiquense*.

5. Currais Novos

Currais Novos (frequentemente referida simplesmente como Currais, ou ainda pela a sigla CN) é um município potiguar localizado na região do Seridó, região central do RN, junto à divisa com o estado da Paraíba. De acordo com o IBGE em 2015 sua população era estimada em 44.887 habitantes, sendo **o nono mais populoso de todo o RN.**

Venha sonhar comigo

Praça Cristo Rei.

A cidade de Currais Novos foi colonizada inicialmente por criadores de gado, dentre os quais o mais importante foi Cipriano Lopes Galvão. Ele fixou residência na localidade, e fundou uma **fazenda de gado.**

Aproveitando as boas pastagens que o Rio São Bento oferecia, o gado de seu rebanho se deslocava até lá para se alimentar e beber, fato que, pela longa distância percorrida, dificultava o trabalho dos seus empregados. Observando isso, Cipriano resolveu construir "currais de pau-a-pique", com troncos de aroeira, nos quais tirava- se o leite das vacas adestrava-se os bezerros e marcava-se o restante do gado com o método do ferro moldado e aquecido no fogo.

Após sua morte em 1764, seu filho, o Capitão-Mor Cipriano Lopes Galvão Filho, assumiu os negócios, **reformou os currais** e investiu cada vez mais no comércio do gado. A localidade foi ficando cada vez mais movimentada, já que era ponto de encontro comercial de várias partes do estado. Todos os tropeiros e viajantes marcavam suas reuniões nos

"currais novos do Capitão", nome pelo qual o crescente povoado passou a ser designado.

A partir de 1813, com a morte do seu dono, mudou-se o nome definitivamente para povoado Currais Novos, nome que persiste até os nossos dias. Ufa! E quem nasce em Currais Novos é *curraisnovense*.

6. Itaú

Entrada da cidade de Itaú.

Sim, existe uma cidade com o mesmo nome do famoso banco no RN, mas calma, ela não foi comprada pela empresa, pelo menos ainda.

Itaú é um município que fica no Oeste Potiguar, e possui 5.850 habitantes de acordo com o sendo do IBGE de 2014. De acordo com historiadores, "Itaú" é um nome derivado da **língua Tupi, significando "rio da pedra"**, por meio da junção dos termos itá (pedra) e 'y (água, rio). Algo mais normal, né?

Quem nasce na cidade tem o gentílico de *itauense*.

7. São Miguel do Gostoso

Pires Filho

Pôr do sol à beira mar de São Miguel do Gostoso.

Este, além de ser um nome curioso, guarda uma história de suas origens tão curiosa quanto.

São Miguel do Gostoso é um município do Leste Potiguar e Polo Costa das Dunas. Segundo o IBGE em 2008, detinha uma população estimada em 9.093 habitantes. Seu antigo nome era São Miguel de Touros.

O nome Gostoso, segundo registros dos moradores mais

antigos, vem de um **vendedor ambulante** morador na localidade que pelo fato de **viajar frequentemente**, era considerado **um homem bem informado** sempre trazendo as notícias de outras regiões e as pessoas do povoado aguardando ansiosamente a sua chegada para se atualizarem das novidades.

O fato é que o vendedor era um exímio contador de estórias, sempre acompanhadas de **uma risada extremamente gostosa e contagiante.** Devido a sua risada característica, o vendedor ficou conhecido por Seu Gostoso, e rapidamente o nome "gostoso" passou a denominar o novo povoamento. Olha só que coisa!

Em 1899, um homem chamado Miguel Félix Martins, um dos primeiros moradores de Gostoso, inaugurou uma igreja em pagamento a uma promessa feita a São Miguel, que passou a ser o padroeiro da comunidade. Com a igreja e a crescente devoção ao santo padroeiro, o povoado foi sendo chamado, naturalmente de São Miguel do Gostoso. Atualmente é muito comum usarem a sigla SMG para se referirem à cidade.

E você, tem ideia de como chamam as pessoas que nascem em SMG? Na Wikipédia está *gostoense*, mas alguns sites falam que é *são micaelense do gostoso*. Decidam no par ou ímpar.

Dias agradáveis na casa da Sol. O coração sempre sente quando é o dia da partida. Já me despedi de tanta gente carinhosa. Mochila nas costas, a mala companheira, bolsa na diagonal e sigo para a cidade de Mossoró (RN), com apoio da Vica (eu a conheci por meio do Felipe, filho da Sol de Natal). Vica conseguiu para mim um hotel onde fiquei três dias como convidada. Foi ótimo! No outro dia fomos fazer um *tour* pela cidade e a companhia da Vica foi gratificante. Visitamos o Memorial da Resistência de Mossoró e a Praça Central com seus estabelecimentos tombados.

No percurso para Mossoró, vimos o Pico do Cabugi, único vulcão extinto do Brasil que ainda mantém sua forma original.

Após encerrar minhas atividades em Mossoró vou em direção a Canoa Quebrada (história descrita no estado do Ceará), devido ao desvio da viagem.

Sigo para João Pessoa (PB), conhecida como a cidade Porta do Sol, pois sua localização está na Ponta do Seixas, ponto mais oriental das Américas. É a cidade onde o sol nasce primeiro. Conheci o farol do Cabo Branco (do alto ficamos deslumbrados com a paisagem). Fui à praia do Bessa, uma das maiores praias de João Pessoa, bem plana e larga; fui também à praia Manaíra, areia vermelha intermarés. De lá rumei para o município de Areia, onde tinha uma pousada reservada pelo site. Ela era confortável e simples. Pertence a uma senhora chamada Leda, que tocava violão e cantava como um pássaro deixando nosso café da manhã mais aconchegante.

Na viagem de ônibus de João Pessoa para Areia conheci uma família muito querida, por meio do André Gouveia, que estava com sua mãe e tia. André, muito gentil, me perguntou no ônibus se eu iria para a festa, o Encontro dos Filhos de Areia (tinha uma faixa com uma frase linda: **"Regressar a minha terra é colorir meu coração de alegria"**). Esta história, porém, quem vai contar é a Adelaide.

Fotos da cidade: família Gouveia, Casa do Doce, cavaleiros e a barraca dos estudantes de Agronomia da localidade.

42 – Filhos de Areia
Adelaide Ribeiro Teixeira
Areia-PB *(artigo enviado)*

"Areia receberá os filhos dela!"
O Encontro dos Filhos de Areia que eu participava começou com Inezio Antônio Teixeira, em Natal. Ele tinha uma turma de amigos e eram muito unidos, e nesse tempo ele resolveu juntar os amigos e, como meu marido fazia parte deles e foi convidado, eu fui com ele.

No início eram passadas videoclipe das fotos deles quando eram bem mais jovens também de fotos de Areia antiga e aquilo foi me envolvendo. Todo ano a gente participava desses eventos, chegamos a festejar os 50 anos desse amigo que sempre foi muito ligado a Areia e às amizades.

Após certo tempo me afastei um pouco, enquanto isso já acontecia de umas amigas se encontrarem em João Pessoa e alguém comentou que poderíamos nos reunir por lá porque estava crescendo o movimento. E assim o pessoal passa a convidar a turma de Natal, que aceitou comparecer.

Fizeram o primeiro encontro e nesse eu não participei. Porém a partir do segundo encontro em João Pessoa uma amiga, a Janine, me convidou. No dia do encontro ao chegarmos eu estava um pouco sem graça e tímida porque não tinha amizade com essa turma.

No terceiro encontro fui convidada e a senhora nem imagina, dona Ana Laura! Eu fui sem marido, estava sozinha, ainda não tinha vinculado as amizades e estava com um litro de uísque na mão. Tu imagina minha cara de pau quando eu cheguei lá e começamos a beber, conversar e um amigo de nome Carlomano que é um empresário de Areia. Carlomano comentou que algo o entristecia: Que era o fato de ter Encontro dos filhos de Areia como foi em Natal no início, mas agora era em João Pessoa, porém a própria cidade dos Filhos de Areia ainda não recebia este Evento. Então naquele momento uma força maior me moveu até onde estava o microfone e eu disse: - Não seja por isso! A partir do próximo ano **Areia receberá os filhos dela!**

Foi uma alegria para essa turma que me apoiaram imediatamente e que puderam me dar muitas dicas porque até então eu não tinha experiência de realizar eventos como esse a não ser minhas festas caseiras.

Levei a ideia para Areia, nossa terra natal, e realmente foi muito difícil nesse começo, porque eu não sabia por onde começar, não tínhamos dinheiro para fazer a tal festa, porém como sempre fui muito determinada no que me proponho a realizar me enchi de coragem e força e fui à luta.

Pude ver tudo iluminado, o povo alegre e uma organização incrível. Adelaide e outras pessoas importantes da localidade abriram uma oportunidade da cidade fazer benfeitorias e se tornar reconhecida em todo estado da Paraíba.

Próximo a Areia há uma cidade chamada Alagoa Grande (PB), e minha nova amiga, Edna Gomes de Farias, que conheci em Areia, me convidou a ir até lá, onde há importantes histórias e um centro cultural muito bonito. Como estava indo para Recife (PE) e era caminho, resolvi parar nessa cidade e conhecer suas maravilhas.

No final da tarde, fui para Recife. Ao chegar, a Edna foi me buscar na rodoviária e me levou para conhecer o secretário da Cultura e do Turismo de Alagoa Grande, Marcelo Felix Lopes. Ele disponibilizou o Riva, que trabalha com turismo e andou comigo pelas ruas de Alagoa Grande.

43 – Os Alagoa-grandenses
Rivaildo Alves dos Santos
Alagoa Grande-PB *(artigo enviado)*

> *"Em seu centro existem casarões que ainda hoje testemunham esse momento de grandeza econômica do município"*

Localizada na microrregião do Brejo Paraibano, Alagoa Grande tem um grande potencial turístico que pode ser economicamente explorado. Neste município se localiza a comunidade quilombola de Caiana dos Crioulos, herança dos negros que ajudaram no crescimento econômico e cultural da cidade. **Em seu centro existem casarões que ainda hoje testemunham** esse momento de grandeza econômica do município e foram construídos por escravos. Alguns desses casarões, que aparecem em frente à praça central e à matriz centenária da cidade, são cobertos por azulejos importados de Portugal no século XIX.

Marcelo.

Riva.

Jackson do Pandeiro
O Rei do Ritmo

No dia 31 de agosto de 1919, nascia na cidade de Alagoa Grande, na Paraíba, o Rei do Ritmo, José Gomes Filho, mais conhecido como Jackson do Pandeiro, cantor e compositor de forró e samba e subgêneros tais como: baião xote xaxado, coco, arrasta-pé, quadrilha, marcha, frevo, dentre outros.

Venha sonhar comigo

Bora lá! Rumo ao Recife, em Pernambuco, cidade linda.

Um fato inusitado aconteceu por Recife. Recebi pelo *messenger*, uma mensagem de um rapaz chamado Sandro da Silva Melo, que dizia me acompanhar e me convidou para sair e jantarmos. Fiquei um tanto desconfiada, mas ele disse que iria com sua esposa, Joselma, o que me deixou mais tranquila.

Fomos a um restaurante lindo, aconchegante, lugar nobre, comida como há meses eu não via. Tudo perfeito. Esse casal também foi de uma delicadeza ímpar, e eu fiz amizade com Joselma. Obrigada, meu amigo Sandro Melo, foi muito bom tê-lo conhecido, e a você, Joselma, uma mulher encantadora.

No Recife fiz muitos passeios, conheci o Museu da Caixa Econômica Federal, vi os edifícios tombados, a Embaixada dos Bonecos Gigantes, a Embaixada de Pernambuco, o Espaço Cultural Paço do Frevo, o marco zero e o Artesanato de Pernambuco, o Museu Brennand, a Oficina Francisco Brennand, Centro Cultural Cais do Sertão Luiz Gonzaga, a Praia de Boa Viagem, e fiz o passeio com o catamarã, que valeu por sua beleza e relaxamento.

E lá vou eu andar nesse Pernambuco lindo, cultural, de povo simples no seu sertão, no agreste que me encantou e emocionou muitas vezes!

Nordeste

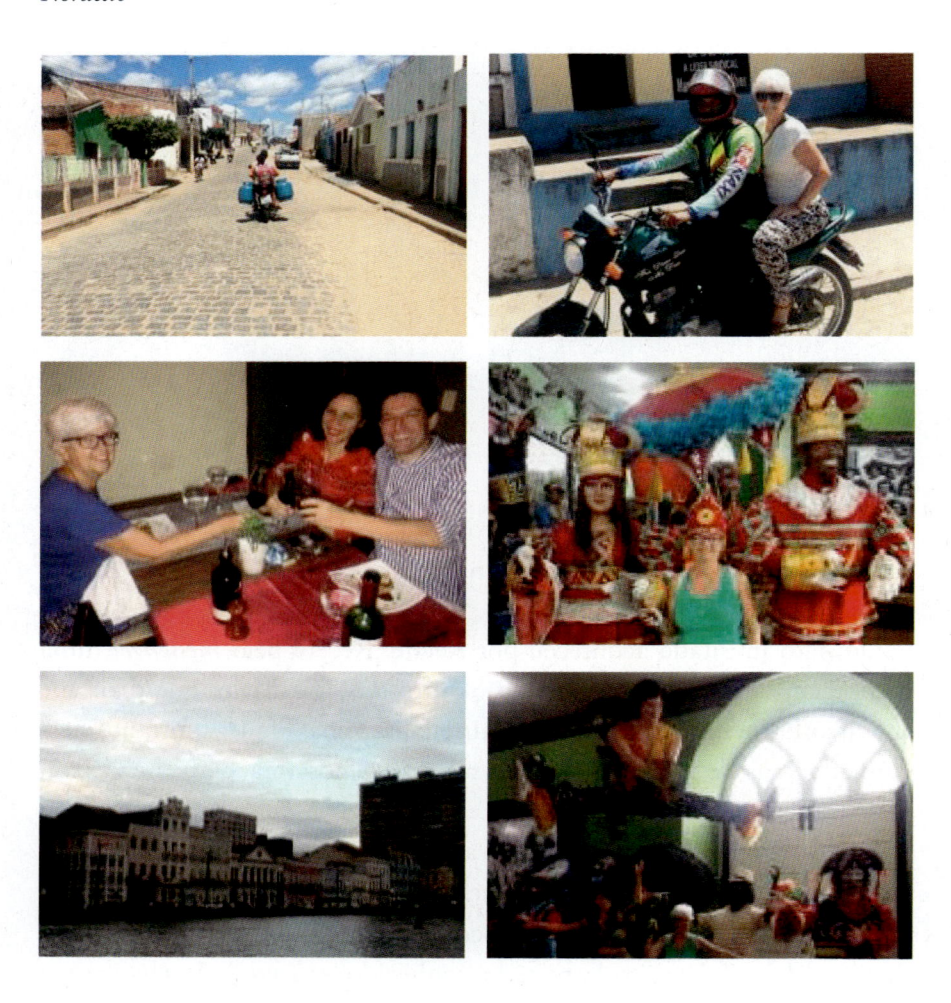

O agreste de Pernambuco
Orgulha-se dos seus convidados
No parque do povo
As atrações acontecem

Cheguei em Caruaru! Ah, que sonho ver a Festa de São João (festa junina), original, simples, do povo, a cidade envolvida com a programação dessa festa famosa. Vem gente de todo lugar para ver, sentir e amar esse povo festeiro.

Andando pela cidade um dia antes da inauguração da festa junina, conheci "Sebá", que me convidou para conhecer um pouco desse momento que antecede a festa. Com muita alegria mostrou como tudo funciona no seu espaço teatro mambembe, que recebe ao longo do mês de junho turistas do mundo todo para assistir suas apresentações. Seu amigo e assistente, também ator, Rafael Amâncio, nos contou generosamente abaixo a história de Sebá.

44 – Sebá
Rafael Amâncio
Caruaru-PE *(artigo enviado)*

"Com apenas 25 quilos fiz o meu melhor"

Fotos: Viviane Santos e Laura.

Sebastião Alves, homenageado do 23º Janeiro de Grandes Espetáculos. Quando tinha por volta de 15 anos, trabalhava como assistente de obra em Sertânia, sua cidade natal. Um dia, ouviu falar de uma senhora reclusa que vivia em uma loca no meio da caatinga. Diziam que a mulher era vidente. Curioso o jovem que sonhava em ser ator de cinema foi até ela. "Você vai embora deste lugar, vai para a cidade grande", disse a eremita. Coincidência ou não, no dia seguinte ele arrumou as malas e rumou para Caruaru, na capital do Agreste. Entrou em contato com o teatro e iniciou uma trajetória que se confunde com a própria cena de artes cênicas da cidade.

No "país Caruaru", como carinhosamente chama a cidade que o acolheu foi chamado para atuar na peça Solte o Boi na Rua (1979), de Vital Santos, com o grupo de Teatro Ivan Brandão. Uma vez no palco, no entanto, seu destino se traçou. Pouco tempo depois circulou o Brasil com O Alto das Sete Luas de Barro, espetáculo da Companhia Feira de Teatro Popular. Em 1981 quando participou da peça A Noite dos Tambores Silenciosos, teve contato com a arte do mamulengo, na qual se aprofundou ao longo dos anos, ganhando o titulo de Mestre.

Além do seu trabalho à frente dos palcos, Sebá também atua como agitador cultural, sendo responsável pelo espaço Teatro Garagem Mamusebá, realizado na garagem de sua casa. E pelo Teatro Oficina Mamusebá, localizado ao lado da estação ferroviária da cidade.

"Em 2006 no mesmo Santa Isabel que vou me apresentar, encenei *Olha pro Céu...*, estava enfrentando um câncer e **com apenas 25 quilos fiz o meu melhor,** saindo do palco quase carregado direto para o hospital. Agora estou com o meu peso normal 52 quilos, considero-me um sobrevivente, foi um milagre. Por tudo isso ficou muito feliz com essa homenagem porque é um reconhecimento e um incentivo para que a gente continue com folego", comemora!

Quem conta essa história é o parceiro e ator Rafael Amâncio, habilidoso com circo-malabares (com três bolas), faz apresentações das pernas-de-pau e palhaçaria, nos esportes anda a cavalo, natação e jogos Poliesportivos. A seguir, alguns trabalhos dele.

Venha sonhar comigo

Fotos: Viviane Santos.

No outro dia fui conhecer um bairro famoso em Caruaru pela qualidade de seus artesãos. Conheci alguns que me receberam com carinho, e a Marliete me convidou para almoçar em sua casa.

45 – Alto do Moura
Cícero, Marliete, Severino
Caruaru-PE *(artigo enviado)*

"E o Brasil foi para fora do Brasil"

Eu, *Cícero José da Silva*, nascido em 1957, no Alto do Moura. Caruaru (PE) no dia 20/12/1957. Filho de José Luiz e Regina Maria da Conceição, artesãos. Comecei a trabalhar com barro aos 10 anos inspirado por meu pai e minha mãe.

Casei em 1983, tenho cinco filhos, oito netos; estou com 59

anos. Há 49 anos faço essa arte, uma diversidade de peças de barro. Gosto de fazer Luiz Gonzaga, Dominguinhos, Lampião e Maria Bonita, Boi, Vaqueiros e outros tipos.

Faço mais de 300 tipos, gosto de dar oficinas nos colégios e faculdades. Já fui para UFPB na Paraíba, em 2010.

Fui convidado pela Fundação PE, para apresentar minha arte em Cuba, também fui ao Festival de Inverno em Garanhuns e também nos shoppings de Caruaru. Trabalho junto com minha família, mulher e filhos, e agora estou muito feliz em participar deste livro, sonho muito em ter meu ateliê.

Eu, *Marliete Rodrigues da Silva*, nasci no dia 18 de setembro de 1957, no Alto do Moura, e sou filha do artesão Zé Caboclo um dos primeiros discípulo do mestre Vitalino e de dona Celestina Rodrigues também artesã. A história da arte na minha vida vem da minha bisavó materna e minha vó paterna. Comecei a trabalhar aos seis anos como uma brincadeira, fazia brinquedos para brincar com os meus irmãos que são sete: três mulheres e quatro homens. Aos meus oito anos eu já fazia meus trabalhos para comprar outros brinquedos diferentes e também passei a ajudar nas despesas de casa. Aos 12 anos passei a fazer figuras de bonecas imitando o trabalho de papai. Quando eu tinha 16 anos em 1973 meu pai faleceu, foi uma grande mudança na vida de todos nós, da nossa família e passamos a nos envolver mais com a arte. Passei a fazer bonecos de vários tamanhos e aí veio a ideia de miniaturas menores das que a minha irmã Socorro fazia. Comecei procurar o meu próprio estilo criando cenas que retratam o dia a dia da nossa religião como também do folclore. No entanto a religiosidade é a minha especialidade. Amo fazer as miniaturas de vários tamanhos que se torna um grande desafio. Busco sempre melhorias na qualidade e a criatividade dos meus produtos e é assim que eu me sinto mais realizada, aprendendo todos os dias. Já estive em 11 estados do Brasil e também na França, Portugal e Argentina, para participar de feiras, exposições, oficinas, divulgando a nossa arte do Alto do Moura e é uma honra para mim. Meu trabalho leva-me para tantos lugares e conhecer muitas pessoas como também as visitas dos turistas e estudantes que recebo no meu ateliê. Agradeço a Deus pela a preciosidade que é viver com muito amor e em paz!

Severino Pereira dos Santos (Severino Vitalino) nascido em 04 de março de 1940 começou trabalhar em 1947 ao lado do mestre Vitalino, seu pai. Nasceu no sítio Campos, veio para o Alto do Moura em 1948.

Pai de 13 filhos – 25 netos e 16 bisnetos, casado com Noemi Rodrigues Santos. Ao longo de 57 anos, no dia 28 de julho de 2017, ela veio a falecer.

Este momento foi muito difícil para mim, mas temos que levantar a cabeça e dar continuidade à vida. Trabalho na casa que meu pai morou e faleceu, que hoje é casa Museu Mestre Vitalino.

Recebo visitas de turistas todos os dias e também estudantes. Fiquei com a maior responsabilidade em manter essa tradição. Fico muito feliz com o reconhecimento da fama do meu pai: ele é conhecido no mundo deixou esta riqueza para todos os artesãos do Alto do Moura, que foi exemplo a sua história. Já fui a vários lugares do Brasil, fazendo exposições e demonstração das oficinas. Fui também a Portugal e foi motivo de muito orgulho e muita satisfação. Participei com minha arte em tantos lugares para divulgar nossa história, essa arte que fazemos e que vivemos por meio dela. Agradeço muito a Deus por tudo.

Nordeste

Cícero.

Marliete.

Severino.

Visitei vários lugares em Caruaru. Fui ao Museu do Forró Luiz Gonzaga e nesse passeio conheci a senhora Regina (foto abaixo), e foi por meio dela que cheguei na linda história do Kong. Me senti em casa tamanho era o acolhimento da família de Kong.

Esta é Regina Lucia de Oliveira Cavalcante, diretora dos Museus de Caruaru, professora, artista plástica e trilheira do grupo Amigos da Natureza Caruaru, e ponte para a história a seguir.

46 – Kong
Maurismar Feitosa Chaves
Caruaru-PE *(artigo enviado)*

"Diziam que eu era louco, doido, sem juízo, inconsequente..."

Aniversário da neta.

Em *Água Azul - Vida de uma escola do campo:* guardiã da cultura, a música é uma das mais fortes expressões de um povo guerreiro.

Em *Água Azul – Projeto de Poesia* da poetisa Mabel Cavalcanti, de Portugal, que vinha ao Brasil para acompanhar este projeto no Centro Educacional Água Azul.

Casamento.

Sou Maurismar Feitosa Chaves, mas prefiro ser chamado de Kong, nome que garante que sou hoje o resultado dos afetos encontrados no caminho. Minha história poderia ser igual a tantas outras. Menino nascido, na época, no povoado (depois cidade) mais pobre do Brasil, segundo o IBGE: São João do Tigre.

Ali permaneci até aos 5-6 anos, numa família de cinco filhos. O estudo não era projeto de vida de ninguém naquele lugar.

Da infância me lembro de algo que era para mim um alumbramento: as missas em latim. Aquele ritual me transferia a outras esferas do pensamento. O padre vinha de fora, e por isso, raramente havia missas. Prestava atenção a todo movimento: do padre no altar, que ficava de costas, dos cânticos, muitas vezes em latim, do hino do padroeiro, das ladainhas, das cores e das roupas do padre! Tudo ali me encantava.

Na verdade, hoje, lembrando de tudo aquilo, faço a leitura de que, a plasticidade da missa, as dinâmicas das procissões, a história dos santos, o perfume do incenso, a língua estranha, me tiravam daquele lugar comum e limitado. E eu absorvia aquilo como que me transportando para outro mundo desconhecido, mas desejado.

Tive adolescência e juventude difíceis. Os sonhos e encantamentos da infância ficaram à margem. Minha vida mudou. A vida em Caruaru tornou-se muito dura.

Em 1963-64, ouvi falar de uma mulher que marcaria indelevelmente a minha existência: Chiara Lubich, fundadora do Movimento dos Focolares. Mas eu não tinha a menor ideia do que significava o Movimento e a sua vida para o mundo, muito menos para o meu mundo, um matuto recém-chegado na cidade grande. Só sei que fiquei maravilhado com a história daquela moça.

O tempo foi passando, as crises existenciais foram chegando, a época das revoluções da juventude foram mudando os conceitos, o mundo mudara muito. E eu me perdi. Perdi-me porque tinha na minha frente coisas demais que me provocavam: revoluções sociais, Che Guevara, Martin Luther King, ícones daquele tempo, músicas, hippies, ditadura militar... E eu não me encontrava mais.

Decidi seguir meu caminho. Literalmente segui o caminho. Achava que andando mundo a fora iria me encontrar. Assim, a cada férias do trabalho ia para um lugar, sozinho. Brasil, Canadá, Argentina, Europa.

Dediquei-me ao teatro, neste tempo sombrio. Depois, a formação de atores no Projeto Rondon, um projeto social para universitários daquela época.

Esta experiência de dedicação ao teatro, levou-me a buscar a formação na área.

Um dia, deixei definitivamente a ideia de me dedicar ao teatro. E foi aí que minha história mudou radicalmente.

Fui fazer o que não sabia e o que nunca tinha me interessado: educação.

Voltando a São João do Tigre (fui a primeira pessoa que voltava à terra depois de ter se formado) fui trabalhar com meu pai assumindo a secretaria de educação.

Naquela época, um conceito sobre mim já se firmava.

Diziam que eu era louco, doido, sem juízo, inconsequente... Pois então, abrimos a escola!

Nessa época, com experiências desse tipo e que foram muitas, nascia na população outro conceito sobre mim: *"ele faz o que quer! Com ordem ou sem ordem, sendo legal ou não. Se a comunidade precisa, pode! É legal!"*

A minha história, não minha, não isolada, não é só minha. Ela é de tantos que se achegaram a mim. O que conto não vem só de mim, mas vem de todos os sons de uma grande orquestra que compõem uma mesma sinfonia. Pois sou o resultado dos encontros do caminho. Das vozes, dos toques, dos olhares, dos desejos.

Este sou eu!

E de Caruaru (PE) para Campina Grande (PB), fui conhecer a festa de São João, considerada pelos paraibanos o carnaval do Rio de Janeiro. Assim como em Caruaru, Campina Grande apresenta sua festa de São João folclórica tradicional e folclórica estilizada. Quando estive na cidade de Areia na Paraíba conheci a Da Paz, uma figura interessante que me convidou para ficar uns dias em sua casa em Campina Grande. Assim fiz, como em todos os outros convites. Da Paz me levou a passear, conheci sua linda família, passeamos no centro da cidade, no Sítio São João, um local muito bonito que retrata o sertão nordestino no início dos anos de 1990, procurado pelos turistas tradicionais e que conta com shows de forró, emboladas de coco, repentes.

Nesse local usufruí e recordei de tempos passados lá do meu Mato Grosso do Sul, na fazenda do meu tio Antonio com minhas primas, irmãos e família. Fiquei na casa de Da Paz três dias e, depois, a Verônica Guedes me convidou para ficar um dia em sua casa e me levar na festa da noite em outra localidade, onde acontece "O Maior São João do Mundo". Fiquei impressionada com o tamanho do Parque do Povo, onde esta festa ocorre há 34 anos.

Essa festa multicultural que presenciei contemplou em mim emoções diversas, culminando com a satisfação imensa dessa companhia fantástica, descontraída e amorosa que é a Verônica.

Foi então que conheci a Doralice. Pedi permissão para gravar sua história e fiquei surpresa que, na verdade, ela pegou seu violão e cantou várias músicas para mim.

47 – Canto pra minha Mãe
Doralice Ferreira do Nascimento
Campina Grande-PB *(transcrição)*

"Podia ter chuva, truvão e relâmpago, mas eu ia trabalhá"

Adeus, ó mãezinha, até quando?
Eu não sei por que Deus quem escreveu ó mãe,
O dia a hora e o momento
E Você! E você partiu!

Você foi e eu não sei aonde está
Se eu pudesse eu iria lhe buscar
Ó mãe
Porque eu vivo aqui sofrendo
Sinto saudade, de ver, e de abraçar

Eu gosto tanto do meu tempo de infância
Quando criança em teus braços
Me deitar, ó mãe
Você comigo em seu colo
E eu sorrindo
No seu peito a
Amamentar

Você cantava para mim
Fazer Naná
Eu sorria quando vinha
Lhe escutar ó mãe

Você, comigo em seu colo
E eu sorrindo no seu peito
A amamentar

Escutei você cantar
Ah, ah, ah, ah, ah, ah
Ah, ah, ah, ah, ah, ah
Ô ÔÔÔ, ÔÔÔ!

Minha mãe era Maria Raimunda Pereira e meu pai foi homem de família muito rica no sertão da Paraíba, e fazia o que queria, ele era Euzébio Pereira da Silva, e deixou muito filho por esse mundo de meu Deus, acho que uns 43 filho.

Tem uma música muito conhecida que é assim:
Eu nasci e me criei na pisada
Vendo os cangaceiros olha a pisada
Eu nasci e me criei na pisada
De Lampião!

Porque foi assim, a gente viveu uma vida tudo assim, bem sofrida, cansada, dentro do sertão. A gente visitava o Brasil inteiro, o sertão era nóis, e "ele", o Lampião, minha mãe comentava que dizia assim: "Quando dizia tava dito e quando fazia tava feito"!

Meu senhor me dê licença
Do sofrer de uma dona
Morava naquelas mata
Do Armazém do Amazonas
Teve uma filha perdeu-se
Naquelas brabas colônias

Nas altura de uma mesa
Teve acesso a criancinha
Com três ano de idade
Sem ter nem amores tinha

Quando a mãe sentiu falta daquela filha, ela disse cantando:

Ela ajoelhou-se e disse
Com fé na virgem Maria
Meu São Francisco da Chaga
Pé corrige a minha filha
Se ela me aparecê eu lhe faço uma romaria

E ela apareceu por um velhinho e ela acha que foi São Francisco da Chaga, né. Aí um dia ela tava fazendo café de manhã e a criança chegou à porta e bateu palma e viu que era a filha dela. E aí disse cantando assim:

Depois daquele tempo passado
Um dia de manhãzinha
Fez um café sem lembrança
Quando vi entrou na porta
De repente uma criança

Ela correu pros braço da mãe surrindo e perguntou: "A benção mamãe, cadê papai e titio?" Ela disse: "Ai meu Deus, chegou minha filha". Aí ela reconheceu que o Santo teve poder e trouxe a filha de volta, mas já bem grandinha. Ela fugiu da mãe com três ano de idade.

Eu já passei tanta coisa na minha vida, até grades e cadeia. Quando eu me casei, tinha 14 ano e com quatorze ano mesmo eu fui mãe. **Podia ter chuva, truvão e relâmpago, mas eu ia trabalhá** pra sustentar esses filho todinho que eu tinha. Fiz essa vida até 1983, depois consegui voltar para a Paraíba, Campina Grande e tô aqui até hoje. Meus filho já era adolescente. E quando cheguei aqui casei com um marginal sem saber que ele era assim, quando descobri deixei ele.

Tristeza é uma ilusão, parece destino perdido, se eu contar a minha vida, ela dá uma oração!

Depois fui trabalhando e também me envolvi com os índios pra fazer um trabalho com eles na mata. Eu recebo lá o Rei Tupã, e vem uma multidão pra falar com ele, o mestre Tupã. Faço isso pra ajudar o povo, é minha missão. Hoje meus filho tão tudo bem, tenho meus neto e eu sigo a minha vida aqui na Paraíba, como acho que é boa, não é fácil mas tô aqui e ajudo muita gente.

De Campina Grande retorno a João Pessoa (PB), para passar uns dias na casa de minha nova amiga Wilma Cavalcanti, que conheci por meio da Nobilene de Campina Grande.

Uma família agradável, Wilma sempre preocupada com meu bem-estar. Durante o dia passeamos e à noite jantávamos com sua família. A filha da Wilma estava de "resguardo", acabara de ter seu bebê e por esse motivo estava na casa da mãe. Tive boa sorte de conhecer a Noely e seu marido. Foram dias em família. O Noé, marido de Wilma, tratou-me como se eu fosse da família. Conheci a Vanusa, funcionária deles, pessoa linda e dedicada, ficou também minha amiga. Dias felizes em João Pessoa. Obrigada, família. Amo vocês! Para mim foi importante receber esse carinho e aconchego, foram doses de abraços que preencheram meu ser de tranquilidade e descanso confortável para a continuidade da viagem.

Rumo a Canindé do São Francisco, Sergipe.

A última foto (acima) é uma homenagem a essas duas mulheres, mãe e filha, que me ajudaram muito para a conquista das histórias da região de Canindé do São Francisco.

A Magali Santana (mãe), empresária do ramo de roupas finas esportivas, e a Mayara Santana (filha), empresária do ramo de cafeteria, que por sinal canta divinamente bem as canções de seu povo. Por meio de Magali chego a Berosa e também a dona Zefa da Guia.

Minha gratidão a Magali e família. No café comi gostosuras, bebi o delicioso *cappuccino* e Mayara cantou para mim. Gente boa! Família linda.

48 – As Bonecas de Berosa
Maria de Fátima Silva Pereira
Canindé do São Francisco-SE *(transcrição)*

"E eu chorei, chorei e chorei..."

Meu nome é Maria de Fátima Silva Pereira e me chamam de Berosa, um apelido que eu mesma me dei por ser uma pessoa atrasada, matuta. Nesse sentido é meu apelido, às vezes na escola ou na igreja eu ia fazer um trabalho e aí alguém dizia assim: "Vamos fazer assim?"

As pessoas diziam: "Ah, isso é coisa de Berosa" ou "isso é muito Berosa". Quer dizer coisas que as pessoas perguntam e Berosa não sabe responder.

Eu tenho 56 anos, nasci no dia 28 de maio de 1961 na cidade chamada Pão de Açúcar, à beira do rio onde tem praia e areia, em Alagoas. Moro aqui há 30 anos, me casei com 16 anos e já estava grávida. Após este filho tive mais outros sete filhos, porém, vivo só tenho esse, os outros morreram.

O meu filho que sobreviveu se chama Luciano, que hoje está com 39 anos, e ele mora em um povoado chamado Curituba próxima daqui e tenho uma neta.

Onde eu nasci, na fazenda do meu padrinho, saí de lá para casar. Nessa fazenda meu pai morou 23 anos, eu e meus irmãos não formamos, tivemos apenas ensino básico. Meu pai era vaqueiro e não tinha salário fixo, a vida era difícil e nós éramos em 10 irmãos e estudávamos em uma casa de família que a dona cedia para as crianças estudar.

E nessa época ainda pequena na fazenda eu tinha muita vontade de ter uma boneca. Uma vez quando meu pai foi na cidade Pão de Açúcar comprar algumas coisas sobrou umas moedinhas e ele comprou dois bonequinhos, eu era mais velha e por isso ele deu os bonequinhos para minhas irmãs mais novas. **E eu chorei, chorei e chorei** e até hoje eu me lembro disso porque a nossa diferença de idade era de apenas um ano e eu também era pequena. Minha mãe repreendeu meu pai porque ele fez isso e ele respondeu que eu não iria me importar por ser a mais velha. Eu não fiquei com raiva, fiquei triste e sempre pensando no futuro quando eu pudesse iria comprar uma boneca para mim.

Meu pai era um homem muito educado e bom para a gente, calmo e gostava de resolver as coisas com calma porque não era brincadeira criar 10 filhos. Um dia ele foi à mata e pegou um pedaço de pau de uma madeira chamada Mulungu, extraído de uma árvore que quando ela seca fica bem fofo parecido com isopor, fica bem levinho, e ele trouxe um pedaço deste pau para cada um de nós pra gente brincar. Por ser muito leve a gente não se machucava. E desta madeira eu fiz a minha Maria Cícera como se fosse a minha boneca e eu andava com ela para cima e para baixo até que criou cupim.

Quando recebi meu primeiro salário mínimo fui comprar minha primeira boneca: com 46 anos e o nome dela era Vitória. Coloquei a Vitória na cama como se fosse minha filha e pensei assim: "Vou fazer uma festa para Vitória quando ela fizer um ano".

A senhora sabe que eu tenho muita paixão por bonecas, elas para mim é como se fossem crianças.

Então quando fez um ano eu avisei meus amigos, vizinhos quem tinham filha pequena e também trouxe as bonecas e fizemos aquela festa. O almoço foi uma buchada, depois teve balinhas. Essa festa pegou, e, todo ano eu fazia a mesma coisa e eu resolvi mudar a festa de junho que chovia muito para novembro, geralmente 2º sábado de novembro e passamos a fazer a noite não mais almoço. Alguns anos depois veio uma sanfoneira tocar aqui e a partir dai fizemos a festa de aniversário das bonecas na rua com autorização da polícia. A rua é isolada aí vem churrasqueiro, eu compro as carnes e uma caixinha de cerveja e as pessoas trazem bebidas. As bonecas são expostas em cima de uma mesa, cantamos parabéns e dançamos.

A maior alegria que essas bonecas me trazem é fazer a festa de aniversário delas e eu reúno muita gente por causa disso e as pessoas ficam esperando por esta festa todo ano completando em novembro de 2017 os dez anos de festa.

No outro dia fui em uma comunidade quilombola para conhecer e não foi fácil chegar até dona Zefa da Guia. Por meio da Magali, cheguei até Bruno Marques. Júnior, o taxista, me levou até Poço Redondo para me encontrar com Bruno e sua amiga, Walquiria Honorato. De lá fomos para a Serra da Guia encontrar com dona Zefa. A estrada estava bem ruim, porque chovia na região. Mas Júnior era cuidadoso.

Descobri que Junior toca violão e canta em um conjunto na cidade de Piranhas (AL). E, enfim, chegamos à comunidade onde dona Zefa me recebeu com seu abraço de mãe. Pessoas se movimentavam com seus afazeres na comunidade.

Bruno providenciou para mim o texto que conta sobre Poço Redondo e dona Zefa, como está a seguir.

49 – Serra da Guia
Dona Zefa da Guia
Poço Redondo-PE *(artigo enviado)*

"Não sei ler, não sei escrever, mas detesto quando a criança não vai para a escola"

Venha sonhar comigo

Visitar Poço Redondo revela-se um desafiante convite para desvendar o universo do fenômeno social do Cangaço.

Os elementos da paisagem natural em Poço Redondo, por constituírem um belo e diversificado conjunto de atrativos, por si só se revelam um forte potencial para as práticas de turismo: locais de memória do Cangaço, 23 quilômetros banhados pelo São Francisco com suas praias, a Serra da Guia, cachoeiras, furnas, piscinas naturais, sítios arqueológicos e paleontológicos.

Devido ao fenômeno social do Cangaço que aconteceu na década de 1930 aqui no Nordeste e por Poço Redondo ter contribuído com a maior leva de jovens (rapazes e moças) para o Bando de Lampião e também por ter "acoitado" os bandoleiros da Caatinga, entre os anos de 1929 a 1938, merece o epíteto de **Capital do Cangaço.**

Tudo isto já é de domínio público internacional a ponto de atrair milhares de visitantes à Grota do Angico (Local da morte de Lampião, Maria Bonita e mais nove Cangaceiros no dia 28 de julho de 1938).

A Serra da Guia, da fé, Orquídeas e da Guardiã do saber popular: Zefa da Guia.

A 42 quilômetros da cidade de Poço Redondo encontra-se a Serra da Guia, área contínua de mata tropical, com espécies de 15 metros de altura e hospedarias de orquídeas Labiata. É o ponto mais elevado do território sergipano, atingindo os 750 metros. Para quem gosta de aventuras e deseja chegar ao topo, existe uma trilha que só permite a passagem de pedestres, montarias e motocicletas.

Atualmente 200 famílias formam o Quilombo da Guia. Na comunidade também mora dona Zefa, famosa parteira, rezadeira. Seu terreiro é visitado por muitos seguidores que buscam orientação e alívio de mazelas por meio das intercessões desta xamã quilombola.

Josefa Maria da Silva é o seu nome de batismo e registro, mas todos a conhecem apenas como Zefa da Guia.

Com o ofício de parteira, dona Zefa realizou seu primeiro parto aos 11 anos de idade e de lá pra cá já somam 5.000, anotados em seu caderno – 4.000 são afilhados/as.

Texto: Eliete Raimundo Cavalcante, turismóloga e pesquisadora; Bruno Marques, geógrafo e pesquisador; e Walquiria Honorato, ecóloga.

Permito-me escrever a vivência abaixo, a experiência com dona Zefa, completando essa linda história:

Quando eu vi a jovem mulher em seu estado de sofrimento a procurar pela líder quilombola, a chorar por algo que não sei, vi no semblante da mulher madura o amor e a paciência de um grande mestre.

Ela ajuda o nascer e o renascer das pessoas, pois quando algo já está finalizando na vida de seus pupilos, ela abre braços e tira a dor de sua gente: receita ervas, utiliza da natureza com maestria.

Mais uma passagem da minha experiência que tocou meu coração como aprendiz da vida. Poder juntar os caquinhos quando estão fragmentados em nossos corações para aos poucos colarmos e reconstruí-los e encontrarmos então um modo de vida capaz de nos fazer felizes, quando aceitamos e compreendemos que a vida pela sua natureza nos mostra como fazer isso.

Ter conhecimento dessa vida quilombola, uma vida compartilhada me traz a percepção de que os vínculos entre as pessoas podem ser como se fossem uma comunhão, como acontece lá no sincretismo dessa comunidade, todo mundo junto respeitando suas escolhas religiosas. Nessa junção de amor entre todos e pela manutenção da cultura e continuidade de uma vida melhor, há uma existência de luta, de fuga, no sertão do São Francisco, ainda em épocas coloniais.

Algumas frases da sabedoria e da vivência de dona Zefa:

"É só a gente caminhar que chega!"

"Cê tá com uma dor, eu vou ajudá!"

"Cê tá com tristeza, eu vou ajudá!"

"Com 11 anos fiz meu primeiro parto."

"Com 12 anos e meio me casei e com 13 fui mãe, meu marido tinha 21 anos."

"Com sete anos eu já fiz minha primeira oração e eu já sabia a rezar."

"Tive oito filhos e três morreram, ficaram cinco."

"Fiz um parto de uma jovem que estava de cinco meses e a criança está viva."

Atividades encerradas em Canindé de São Francisco, segui para Bahia. Diversos lugares visitei como Salvador, Porto Seguro, Arraial D'Ajuda, Feira de Santana, Lençóis, Cachoeira, Bom Jesus da Lapa, Vitória da Conquista e muitos outros lugarejos.

Essas cidades baianas tanto do litoral quanto do sertão e agreste definem lugares exóticos e lindos. O povo é alegre e acolhedor, e a Bahia tem muitas opções de turismo, mas em sua grande maioria muito caros para quem vai com essa intenção.

Para os mochileiros e pessoas que têm outro estilo de viagem, como minimizar custos e porque a demanda é imensa na região do Nordeste, existe um número muito grande de acomodações e preços, facilitando para os viajantes sua estadia e alimentação.

A Bahia tem uma cultura bem diversificada e rica. Um dos lugares que me chamou muito a atenção foi a Chapada Diamantina.

A caminhada continua em direção a Ilhéus (BA), conhecida por muitos autores famosos. Uma cidade histórica, edifícios coloniais reconhecidos e tombados, praias lindíssimas com um centro histórico repleto de atividades e à noite conta com o famoso Bataclan.

Venha sonhar comigo

Ao passear pelo centro histórico vejo no Teatro Municipal um cartaz falando sobre "O Contador de Histórias", José Delmo. Para mim foi uma honra conhecer essa pessoa, esse artista.

50 – O Contador de Histórias
José Delmo
Ilhéus-BA *(resumo dos livros)*

"Ver nascer a alegria no lugar onde o sorriso se perdeu"

Eu, José Delmo, chamado também de coronel, mas coronel não pela vestimenta, mas pelo conhecimento da nossa cultura regional e vou contar agora uma breve história e inicio com fragmentos de um poema do maior poeta nosso, regional Sosígenes Costa:

Andando eu pelo mato, me apareceu uma alma de caboclo, meu cabelo se arrepiou eu fiquei assombrado eu quis correr mas o espírito me disse: - Não tenha medo meu filho, eu sou teu avô quis lhe aparecer para lhe contar uma história que os espíritos dos índios me contaram.

E aí eu começo: como todos nós sabemos os portugueses chegaram aqui e viram belas praias brasileiras e, 30 anos depois, dividiu o Brasil em lotes, ou seja, capitanias hereditárias. A nossa capitania, capitania dos Ilhéus, por causa dos rochedos que a gente vê da praia da avenida lá no alto no mar e aqui no centro da cidade havia bastante ilhas, pois Ilhéus foram soterradas e viraram ruas. Os ilhaenses, como já eram chamados moradores da vila, passaram a viver somente da extração da madeira ipê, jacarandá, jequitibá, massaranduba, oiticica, pau-brasil e outras tantas madeiras de lei que existia na região mas que foram devastadas com a decadência da capitania veio então o advento do cacau.

O cacau, como a nossa viajante pelo Brasil para escrever um livro deve saber, não é natural da nossa região. No planeta só existia em três lugares: Terras Amazônicas, Colômbia e México. Os colombianos e mexicanos mais antigos já tomavam chocolate antes de Cristo nascer. O cacau plantado aqui na região veio do Amazonas provavelmente trazido pelos jesuítas por volta de 1.700. O cacau nasceu bonito, vigoroso e já adubado.

Quem quiser assistir essa história de forma mais completa em forma de cinema olha no meu face ou no YouTube Jose Delmo Ilhéus, lá tem um documentário: Chocolate da Mata Atlântica.

E para encerrar, só quem viveu os problemas da ditadura militar, o artista que viu isso, aquela pessoa que testemunhou a dor e a falta de liberdade de expressão que as pessoas tinham e saber que os artistas traduziam aquela parte da nossa história para driblar a censura com metáforas em suas canções.

O poema aqui não se encerra, país lê-se, sinta-se, veja-se, planeta terra. Terra, terra. José Delmo, nova canção.

Venha sonhar comigo

Cheguei em Lençóis, Bahia, Chapada Diamantina. Fiquei na pequena Pousada Roncador, onde conheci a proprietária, Soraya Sá. Ela me levou até a Chapada. Neste passeio tive a presença importante para minha segurança e bem-estar: o Gigante. A ele meu agradecimento sincero.

No outro dia contratei o taxista Gilson, de Lençóis, para me levar até Igatu. E tive a honra de conhecer o senhor Amarildo, que me emprestou vários livros seus para eu fazer um resumo de Igatu e suas paixões.

51 – Paixão pela Terra
Amarildo dos Santos
Igatu-BA *(resumo dos livros)*

"Ver nascer à alegria no lugar onde o sorriso se perdeu"

Conheci o senhor Amarildo em sua casa colorida, com produtos de todo tipo. Lugar aconchegante. Um dos primeiros trabalhos aos quais tive acesso foi o título *Os prováveis significados de garimpos e ruas da história antiga de Xique Xique hoje Igatu*, feito à mão com um trabalho exemplar. Mostra a arte de Amarildo, um amante de sua cidade e que sabe suas curiosidades e segredos. Ficamos sabendo que, assim como garimpos, os nomes de ruas são interessantes por causa de detalhes que dá para se apreciar como a Rua Boa Vista chamada assim por privilegiar quem vai lá com um local para ver a melhor paisagem da cidade.

No campo dos famosos, são duas obras: *A minha história de vida como fã do cantor Roberto Carlos* e *A minha fascinante história como fã número*

Um de Xuxa Meneghel. A primeira, flagrando sua profunda admiração pelo cantor que seguiu sua vida, trazendo pensamentos bons e alegria (em todos seus aniversários, Amarildo ganhava do pai um disco do cantor, o que povoou sua infância com essas lembranças boas e doces) e, no caso da Rainha dos Baixinhos, acabou criando um hábito de ver o "bom dia" da Xuxa do seu programa ao sair da nave espacial e, rapidamente, ia trabalhar. A própria Xuxa lhe mandou um agradecimento.

Em seguida, em *Atrações turísticas de Igatu e de outras cidades da chapada Diamantina - Bahia*, ficou óbvio seu amor e cuidado com nomes e informações sobre lugares para se visitar, desde cachoeiras até praias em rios, grutas e trilhas. Existe uma trilha explorada em Igatu que leva a pista de Andaraí, poços como o brejo, grutas e lugares frequentados pelos antigos garimpeiros. Há cachoeiras como Cadeirinhas e Califórnia, ou o Córrego dos Cristais e muitos outros mais. De Igatu para Mucugê - BA que existe o cânion da Sandália Bordada e o cemitério "estilo bizantino" como fonte de atração, com suas próprias cachoeiras, também.

Em Lençóis existe ainda um curioso Poço do Diabo misturado a essência turística e cachoeiras como Primavera, Fumaça, Capivara e Sossego.

Voltando sobre seu amor por Diamantina, existe um exemplar chamado "As cachoeiras da Chapada Diamantina Bahia", onde comenta sobre todos os nomes de cachoeiras que percorrem o local e nas cidades de Igatu, Andaraí, Itaetê, Ibicoara, Vale do Capão e Palmeiras, Itaguara, Morro do Chapéu e Piatã, Lençóis e Mucugê.

Há também *Mensagens sobre paz e Provérbios*, *Um levantamento geral do que temos em Igatu*, *Cidadão do Bem* (que fala sobre o senhor Amarildo dos Santos e conta um pouco mais sobre sua família), *53 anos de idade, 53 curiosidades* (sobre em 2016 ter feito 53 anos de morada em Igatu), *Xique Xique - Um pequeno resumo da nossa história antiga* e, por fim, *Os nossos grandes acontecimentos* (sobre o festival musical de Igatu).

Destaco, de *Mensagens sobre a Paz e Provérbios*, uma mensagem:

Natal é a comemoração do nascimento de Jesus.

*Por isso é o meu desejo, é o seu desejo, é o desejo de todos nós, **ver nascer à alegria no lugar onde o sorriso se perdeu;** esperança onde não se vê o sonho, conforto onde não se encontra a cura, abrigo aos que enfrentam a noite e o tempo, serenidade onde não haja entendimento, amigos, música e poesia, onde mora a solidão, carinho e paciência, onde existir uma criança, para idosos, respeito e dignidade e para nós muito amor.*

A VIAJANTE E A AUTORA

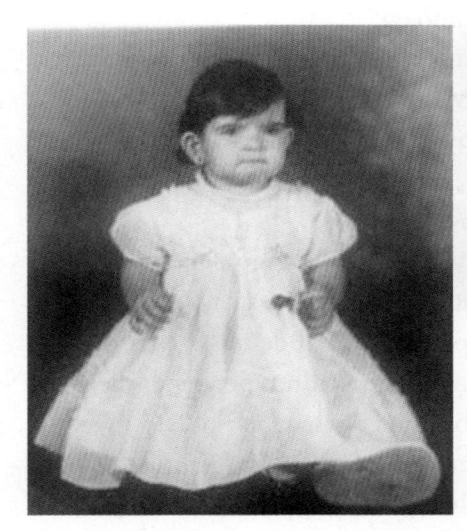

Resposta às perguntas feitas pelas pessoas que ficaram curiosas para saber sobre minha história.

Sou natural de Três Lagoas (MS), nasci em 9 de junho de 1952 e recebi dos meus pais os nomes de minhas avós, Ana (avó materna) e Laura (avó paterna). Minha mãe dizia que minha avó paterna queria o nome dela primeiro, o que gerou certo desconforto nela por achar que não combinaria, fico feliz que ela tenha tido essa percepção, e assim fiquei como Ana Laura.

Amo meu nome, acho lindo e suave, mas ele representa para mim a personalidade dessas duas avós fortes, amáveis. Fui muito amada por elas. Trago comigo na veia o magnetismo dessas duas mulheres guerreiras, que ficaram viúvas muito novas e deram conta de educar seus filhos frente a tantas dificuldades, assim como eu.

Mamãe costurava e papai era boiadeiro; depois se tornou funcionário do Banco do Brasil. Mudamos do Mato Grosso do Sul para Araçatuba (SP) quando eu tinha mais ou menos sete anos. Minha infância foi maravilhosa, mesmo com simplicidade, pé na terra, árvores ao redor, brincando nas poças d'água quando chovia.

Lembro-me muito bem da nossa casa lá de Três Lagoas, grande e espaçosa, quintal imenso repleto de cachorros (chegaram a 13), pois meu pai pegava os cachorros de rua e trazia para o quintal de nossa casa. Minha mãe quase enlouquecia: já estava com os quatro filhos pequenos na época e, na nossa casa, morava também a sobrinha de mamãe e o seu irmão que muitas vezes ficava em casa. Era uma casa com muita gente e disso eu tenho saudade. Nossa mesa para o almoço era sempre repleta de pessoas.

Eu e meus irmãos brincávamos de casinha, o fogão era de tijolos e nós colocávamos fogo nele para fazer comidinhas. Éramos unidos e estávamos sempre juntos: Alaor, o mais velho, seguido por Armando, eu, Angela e Giselda, a caçula, já em Araçatuba.

O irmão do meu pai, tio Antonio (já falecido), tinha uma fazenda no Mato Grosso do Sul e passávamos as férias lá, em meio a cavalos, bois, touros, fogão a lenha, uma simples casa, porém confortável. Tomávamos banho na bica, água muito gelada, e brincávamos o dia inteiro, eu, meus irmãos e minhas primas amadas. Infância feliz. Eu amava acordar às 4 horas da manhã para montar no cavalo e ir com meu tio e o capataz buscar os bois e trazê-los para o pasto, já um pouco mais velha. Meu tio

Venha sonhar comigo

Antonio me fazia tomar leite tirado na hora e no fundo da caneca tinha açúcar cristal e conhaque. Era o único jeito que eu conseguia tomar o leite. Minha tia Jordita fazia uma comidinha para nós assim que chegávamos, ainda pela manhã, e eu achava uma delícia. Na fazenda havia dois tocadores de instrumentos e cantantes. Meu pai no acordeom (sanfona) e meu tio Antonio (violão), a gente dançava final da tarde e todo mundo ficava reunido. Minha preferência sempre foram os cavalos, e meu tio colocava nome em todos eles. Ao terminar as férias era triste, até a gente se acostumar novamente com a escola.

Eu e meus irmãos.

Eu e minhas primas.

Eu, primas e irmãos.

Papai e titio.

Estudávamos em uma escola mais ou menos próxima de casa. Meu pai nos acordava muito cedo para tomarmos banho de mangueira (ele dizia que isso nos acordava melhor e era bom para a saúde). Mamãe preparava nossas merendas e tomávamos o café da manhã, que incluía arroz e bife, e isso me faz salivar quando me lembro, era uma delícia. Um dia minha mãe pediu para eu e minha irmã Angela levarmos o lanche do meu pai no Banco do Brasil. Não chegávamos com o referido, então meu pai telefonou para minha mãe e imediatamente ele saiu do banco e foi nos procurar muito preocupado. Encontrou-nos sentadas no banco da praça comendo o seu lanche. Não ficou bravo tamanho o alívio que sentiu e depois até achou graça, história essa contada por mamãe, e que dizia termos mais ou menos uns cinco e seis anos.

E assim foi nossa vida, nessa primeira infância. Entre portões que ligavam as casas dos vizinhos e muitas crianças se encontrando para brincar. Vivemos dias felizes e repletos de peripécias, como subir nas árvores, pegar o talo do mamão e fingir que era cigarro (na época isso era chique, fumar), brincar nas poças de lama quando chovia. Ao completar meus sete anos de idade meu pai foi transferido para Araçatuba (SP).

Iniciamos ali nova etapa. Fui para a Escola Estadual Manoel Bento da Cruz, com meus irmãos, mas não consegui acompanhar o ensino que era considerado na época o mais forte da cidade. Minha mãe sabiamente me matriculou no Colégio Nossa Senhora Aparecida, a escola particular das freiras, devido a minha dificuldade com a matemática. Logo no segundo ano primário, como era chamado, conheci minha amiga Cidinha Novaes (estamos sempre juntas, seja pessoalmente ou pelo celular).

Logo a seguir conheci a Clícia Machado, a Jane Kauche Ramos e a Mariaidê Aguiar Sampaio: somos amigas até hoje mesmo com a distância que nos separa. No meu aniversário de quarenta anos resolvi comemorar com meus pais em Araçatuba, nós morávamos em Sampa eu e meu marido e filhos, e pedi a minha amiga Cidinha que encontrasse essas amigas do coração para virem comemorar comigo e veio mais uma querida, a Maria Ivonete Lopes. São anos de amizade desde a juventude e como a Clícia não pode vir tem a foto dela ao lado (ela a esquerda) com a Jane Kauche – enquanto eu escrevia aqui em Bertioga as duas passeavam por Paris, mas eu não poderia deixar de colocar sua foto. Viu, Clícia? Éramos inseparáveis e, apesar da distância, as amo muito até hoje.

Clícia e Jane.

Mariaidê, Ivonete, eu, Jane e Cidinha.

Na adolescência, conheci outras amigas que admiro e lembro-me sempre delas: a Maria Olívia Orsolini, a Irene Tozzi e a Clari de Angeles. Das três não sei mais notícias. Sinto saudades de todas.

Falar de Araçatuba, para mim, é emoção pura por me reportar aos meus pais, Eurico e Faustina, que já se foram, e dos meus irmãos. Formei-me como professora de educação infantil em 1972, junto a Pedagogia.

Conclusão do curso Normal Paraninfa D. Odete Costa, em Araçatuba.

A viajante e a autora

    Exerci essa profissão por 17 anos na Rede Estadual de Ensino, trabalhando com crianças com deficiência. Casei-me em 1982, com Antonio Carlos Campos (falecido em 2004). Tivemos dois filhos: o Rafael e o Victor. Marido íntegro, deixou saudades. Amoroso com os filhos e preocupado com a educação deles.

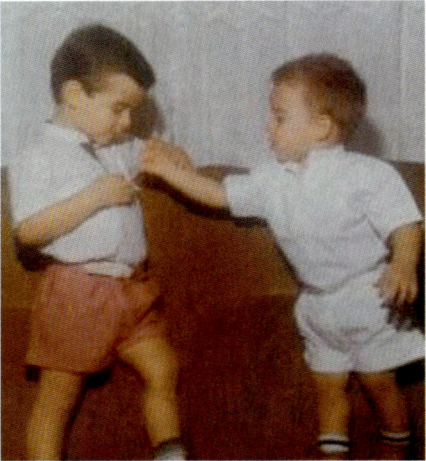

Venha sonhar comigo

Após sua morte, passei por problemas inesperados. Muitas coisas aconteceram ao longo dos últimos doze anos quando fiquei viúva. Superei dificuldades, enfrentei desafios financeiros, o emocional ficou abalado. Vivi os sentimentos pós-morte dele enfrentando, além das dificuldades financeiras, também familiares; além da dor da perda pela pessoa amada e a preocupação com a formação universitária dos meus filhos. Passei por tristeza, raiva, mágoa, dor, me fechei para o amor, senti solidão. Mas uma coisa foi importante para mim, o que aprendi com meus pais: **a fé.**

E essa ficou inabalável, e é o que me move. Lutei, ergui sempre meu semblante, mesmo quando estava muito triste. Quando encontramos apoio em pessoas generosas e boas tudo fica mais fácil. Eu e meu marido tínhamos um casal de amigos na época em que moramos em Santos, o doutor Antonio Dargham e sua esposa, doutora Sandra Dargham. O bom mesmo é dizer amigos que se tornaram meus patrões, ofertando a mim o que de mais precioso o ser humano pode ganhar no momento da dificuldade: trabalho.

O doutor Dargham me ligou um dia em Araçatuba logo após a viuvez e comentou comigo que ficou sabendo da minha situação e me convidou a trabalhar com eles como gerente de sua clínica dermatológica em Santos. Ajudaram-me financeiramente até eu me estabilizar. Gosto de falar dessa parte da minha vida, encontrar pessoas que se colocam em nosso lugar, raridade humana. A eles: "eu tiro meu chapéu".

Na foto acima, equipe Derm Center; ao lado, família Dargham.

Assim como recebi ajuda dos doutores, também encontrei apoio no ombro amigo do Dr. Jair Gemelgo, muito amigo do meu marido. Advogado, ajudou meu filho Rafael na faculdade para a conquista de uma bolsa de estudos e poder encerrar o último ano de Engenharia.

Essa conquista foi com muito esforço, com um processo bem elaborado sobre perdas dos bens materiais, e meu filho Rafael ganhou a bolsa com o trabalho que o Dr. Jair processou e, com certeza, eu não tive dúvidas pelo mérito dele ser ótimo aluno. Amigos são pessoas que riem conosco, se divertem e, nos momentos críticos da vida, são solidários. Nem sempre é o dinheiro em espécie, mas a atitude de compaixão e benevolência, e coube a mim o mais rápido possível dar conta da minha nova existência, com a ajuda dessas pessoas que me tiraram o véu da escuridão.

Ana e Jair Gemelgo com os netos.

Jair, Ana e os filhos Cleber, Daniele e Anderson.

Um casal de médicos e um advogado e sua família, que considero em meu coração meus verdadeiros amigos. Não importa se quase não nos vemos, mas em minha energia eu emano a todos vocês a luz de Deus em suas vidas!

E nessa condição entre ficar dias muito bem e outros muito mal fui dialogando com meu interior sobre o que de fato eu gostaria de fazer com minha vida e que eu pudesse ser feliz.

Quando meditava o que mais desejava era voltar a ser uma pessoa alegre. Aos poucos deixei de criar expectativa nas pessoas e fui me apropriando do meu ser melhor. Meus sentimentos foram se acalmando, os pensamentos se modificaram, a serenidade foi desenvolvida. Errei e acertei muitas vezes. Após quase doze anos me esforçando para me encontrar como mulher, mãe, sogra, irmã, senti em meu coração que o equilíbrio e a harmonia interna voltavam a ser meu norte, e nessa condição de me sentir bem, tomei a decisão de viver uma experiência em que eu pudesse estar comigo mesma, sem influência de ninguém. Não mais para eu me encontrar, mas para eu aprender a tomar decisões sem consultar ninguém, fazer coisas por mim mesma, eu já estava muito bem emocionalmente. Conversei com meus filhos Rafael e Victor, meus dois amores. Amor de mãe, que é indefinível! Muitas pessoas me perguntavam: "O que seus filhos dizem sobre isso?" Nunca perguntei, porém sempre me apoiaram, estão comigo, sei que posso contar com eles. Sei que tenho o amor deles e isso me basta. São casados e têm a vida deles. Eu precisei entender isso. Ter a minha vida. Viver o meu hoje e fazer da minha vida cada dia mais uma etapa, uma novidade, um orgulho novo. Fazer da minha vida algo livre de rótulos, dar meu melhor naquilo que me proponho a realizar. Ser mais eu, que para mim significa ser uma pessoa sadia, não ser passiva na vida, não esperar que a cura emocional venha de outros, ter em minha autorrealização a potencialidade máxima, respeitando a minha individualidade. Isso me lembra de um grande psicoterapeuta e psicopedagogo pelo qual sou apaixonada: Carl Ransom Rogers. Adquirir conhecimentos me ajuda a evoluir.

E assim fiz essa viagem interessante, munida de muita alegria. Coisas inesperadas aconteceram, claro, e fui contornando e me adaptando. Às vezes sentia um pouco de medo, da coisa que a gente não conhece. Mas não travei o meu processo, a minha escolha.

Continuando a falar dos filhos. Rafael é um filho intelectual, músico, engenheiro mecânico, um tanto distraído e de grande sensibilidade; é amoroso quando conversa comigo. Possui um coração grandioso e com uma educação incrível, um cavalheiro. O Victor é um jovem com inteligência mental muito rápida, divertido, amoroso, trabalha em plataforma, é técnico em mecânica, constrói estruturas oceânicas e subaquáticas, preocupado com a mãe, também muito carinhoso; ele monitorou toda a minha viagem.

Enquanto terminava este livro, Victor e Lidiane, minha nora, me deram a notícia de que eu seria vovó. Otto estava a caminho.

Otto está chegando!

Assim foi comunicada essa notícia. Eu li e notei uma árvore. Não entendi. Meu filho e minha nora me olhavam sorrindo e surpresos, porque eu não havia entendido. De repente a luz desce e eu percebo que seria vovó. Não soube o que dizer, apenas os parabéns e os abracei. Mas, meu coração acelerou e pulsou tão forte que achei que fosse sair pela boca, expressão antiga, mas foi isso. Quase encerrando o livro, não poderia deixar de fazer referência ao Otto.

O filho do meu filho

Um brilho desce do céu
Ao saber de sua existência
Ainda não te conheço
E o amo com alegria!

A benção veio por Otto
Que ele encante corações
Que seus afetos sejam de luz
E a fantasia o faça sonhar!

Ah! Transbordando de alegria
Logo o pegarei no colo
A te ninar docemente
A uma noite de paz!

Não cabe a mim te educar
Mas terás em mim um suporte
Não cabe a mim decidir
Mas terás em mim um apoio

Não sei mais o que dizer
Porque ainda não tive essa experiência
De estar com meu neto Otto
E fazer parte da construção de sua vida!

Nada imposto eu desejo
Apenas contribuir pelo amor
Amizade sim eu desejo
Desse pequenino também sangue do meu sangue!

Gratidão a Lidiane e ao Victor
Que traz a alegria desse sentimento

A viajante e a autora

> Que a Luz Divina esteja com vocês
> Para iluminar o caminho do Otto!

Ops... e o Otto chegou!

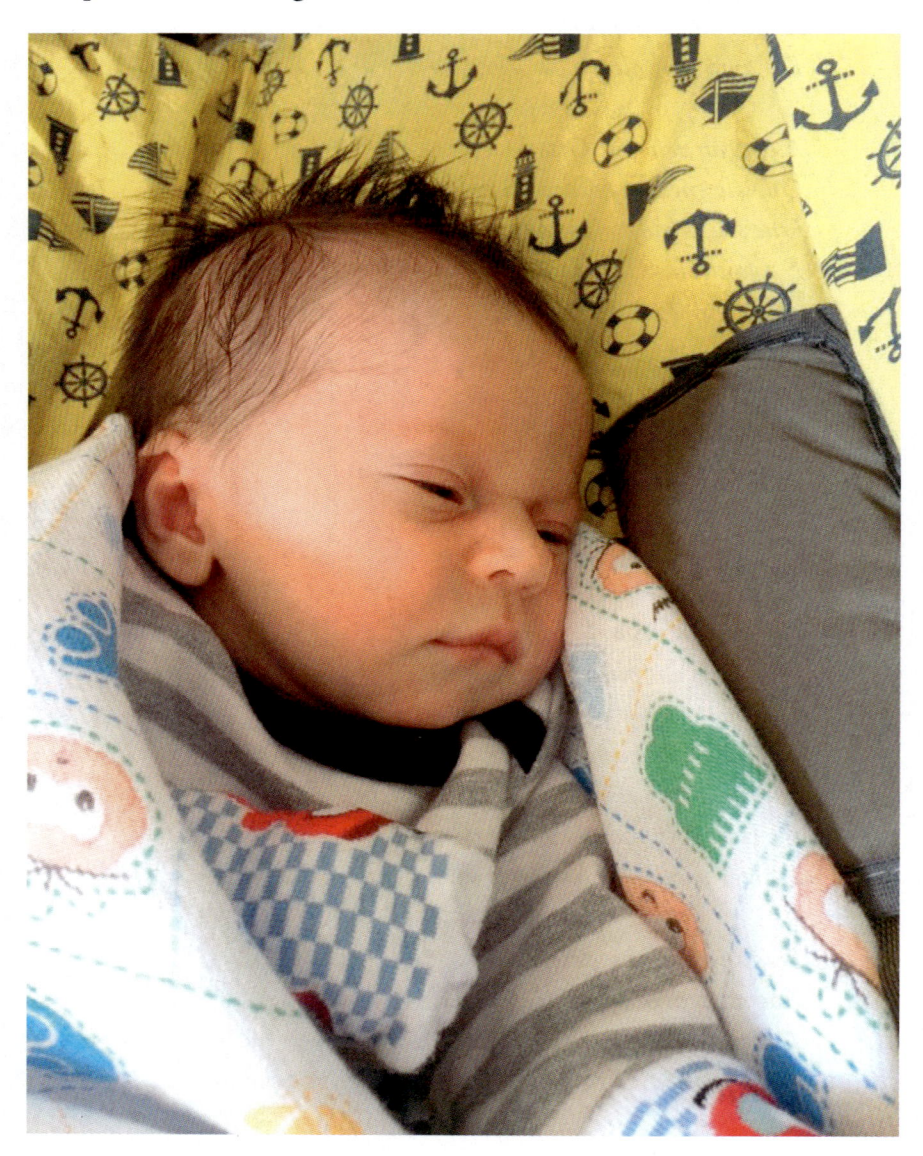

Nasceu no dia 10 de julho de 2018, quando este livro já estava sendo editado.

Cada um tem sua beleza natural, mas há algo entre meus dois filhos que me encanta e me faz admirá-los: possuem valores de vida firmes, sabem o que querem, são trabalhadores e gente do bem, dividem o serviço da casa com suas esposas e eu acho isso admirável. Enfrentam as situações do dia de trabalho compartilhando o que podem. E por que falo dos meus filhos? Para que todos saibam que tenho família, sim. Muita gente me perguntava: "A senhora é sozinha? Não tem ninguém?" Não sou sozinha, tenho dois filhos e duas noras, a Elaine e a Lidiane. Tenho três irmãos que amo. Apesar de ser aparentemente calma e tranquila, no meu interno sou muito agitada, gosto de coisas diferentes, gosto de ter e sentir emoções, gosto da vida e de viver, e não posso, devido a crises políticas e econômicas, e também a idade, aceitar isso de bom grado.

Fui buscar algo diferente, que pudesse dinamizar minha vida e me trouxesse aprendizados novos. E foi muito mais do que isso que recebi de presente da vida nessa viagem.

Foram histórias reais, nada de ficção, tudo verdade, pessoas maravilhosas, simples, sofisticadas, pobres, ricas, gente com diploma, gente que não sabe escrever. Não houve um filtro, deixei rolar naturalmente o que chegava para mim. Algumas histórias foram transcrições, outras eu contei, outras ainda eu recebi de presente. Tive frustrações também sobre algumas histórias que captei, mas não fui autorizada a colocá-las neste livro. Frustrações e receber nãos também fizeram parte de meu aprendizado e das coisas que acontecem em nossa vida.

Quando tive essa ideia inicial da viagem, veio em minha memória dona Sara, minha professora de Geografia. Lembra, Angela, minha irmã? Ela nos mostrava os mapas e em uma de suas longas aulas falou sobre o Oiapoque e eu pensei que um dia iria conhecer esse lugar tão distante e tão alto no mapa.

Um dia comentei isso com minha mãe quando era ainda jovem, ela riu para mim e me disse que eu sonhava muito, porém desde meus anos de ginásio essa ideia estava introjetada em meu ser, esquecida nas memórias da juventude e, ao chegar ao Amapá, a janela dessa lembrança do Oiapoque se abre e toma forma. Outra coisa que comentei com minha mãe quando era jovem, foi do meu desejo de ter um *trailer*, hoje *motorhome*. Ela riu muito e me disse que talvez um dia quem sabe eu poderia ter e ela iria viajar comigo, mas ainda não consegui ter um. Quem sabe, né?

Existe tanta coisa que eu ainda não conheço! Algumas delas eu considero mistérios que só percebo quando coloco minha atenção em algo diferente. A sincronicidade vai além do que vemos como a beleza da natureza e a energia que dispomos para o nosso aprendizado. Pensava em quais eram os recursos internos que faziam me abrir para o conhecimento e também para a comunhão com as pessoas. Era algo quase imperceptível, que aos poucos foi-se tornando claro por meio do que se mostrava bem à minha frente.

O que eu fazia com a experiência que estava acontecendo a todo o momento, o com a vivência da roda da minha vida era quase como uma profecia instigante de validar e reconhecer meu potencial de amor pelas pessoas.

Eu sempre encontrava ajuda: era algo estranho e fascinante. Quando eu tinha dúvidas ou sentia medo, chegava alguém como se fosse um anjo enviado para me ajudar. Como o caso de ter pegado um ônibus errado, pensei que estivesse indo para um determinado lugar e, sem perceber, comprei passagem para outro, e uma pessoa me ajudou explicando que o novo destino era muito melhor do que aquele que eu havia escolhido.

Muitas vezes vi beleza onde realmente não existia, como a de um rosto cansado e ressecado de uma senhora do sertão, ou a beleza que havia no esforço das mulheres rendeiras, ou até das crianças que vendiam água.

Conheci um garoto de mais ou menos nove anos que me ofereceu água, comprei uma para ajudá-lo e, ao me sentar para tomar um gole, começamos a conversar sobre o que ele fazia e se ele estudava. O que me impressionou foi a dureza que a vida dessa gente tem e que pode torná-la pessoas possuidoras de grande sabedoria e inteligência emocional. Continuando a conversa, ele me disse que vende água para ajudar sua família e que isso era muito importante, porque estava aprendendo a se relacionar com as pessoas. Fiquei muito emocionada desse pequenino ser humano já apresentar em suas atitudes a aceitação dos ensinamentos de seus pais.

Entendi que somos parte de um todo, o fluxo da vida se conecta o tempo todo com a natureza. Muitas vezes eu planejava ir para um lugar e ao chegar à rodoviária comprava passagem para outro. Decidia assim, na hora, e tudo se encaixava perfeitamente.

Essa coisa de viajar sozinha é mesmo incrível, achava o meu caminho e a sensação era de bem-estar; o mais importante que eu observava era como olhava para os acontecimentos. Era diferente de quando estava trabalhando e vivendo em Sampa. O olhar da viajante era aberto, amplo e generoso.

Final do mês eu sempre ficava apertada. O dinheiro encurtava e imediatamente chegava uma família que me acolhia. Não entendia muitas vezes como isso acontecia. Como pude eu ter tanta sorte desse jeito? Uma onda de alegria brotava em forma de sorriso que transmitia agradecimento. As coisas que nos cercam possuem um sentido e também um propósito.

Em minha interação com muitos viajantes algo em comum se apresentava no grupo, como quando viajamos e não pensamos em dominar nada, criamos outros mecanismos mais sutis de valorizar o momento, a gente aumenta nossa autoconsciência ou a adquire. Manifesta uma luz divina de amor uns para com os outros. Somos solidários, humanos, estamos juntos para compartilhar outras experiências com o coração repleto de amor, a nossa intuição fica mais refinada e apurada.

Compreendi que minhas interpretações sobre a vida podem ser mais positivas do que negativas, flui um novo sistema mental que entra num fluxo energético entre o que ocorre na natureza, como a vegetação, rios, mares, montanhas, areia, pedras, terra, chuva, sol, o ar que respiramos e o fogo que arde de dentro para fora, combinando com a jornada e minha evolução. Tudo conectado para um desenvolvimento diferente e melhor.

Fiquei com a mente, corpo e alma mais energizados para os próximos passos. Quais serão eles? Não sei. Vou para onde meu coração mandar.

E por todas as histórias contadas para mim, com as lembranças que sempre guardarei em meu coração, minha gratidão eterna a essas pessoas do meu Brasil que confiaram a mim parte de suas vidas. Eu entendi que, de fato, aqui contém histórias **de gente, com gente e pra gente.**

Venha sonhar comigo

A viajante e a autora

Venha sonhar comigo

Gratidão a Gabriela Cione,
minha neta do coração.

A viajante e a autora

284

Venha sonhar comigo

A viajante e a autora

Ana Laura Viajante
@analauraviajante

Venha sonhar comigo

26 Estados
+ Distrito Federal
117 Cidades

- **Acre - AC**
  Rio Branco
- **Alagoas - AL**
  Maceió, Piranhas
- **Amapá - AP**
  Macapá, Porto Grande, Oiapoque
- **Amazonas - AM**
  Manaus, Iranduba, Vila Acajatuba
- **Bahia - BA**
  Salvador, Santo André, Porto Seguro, Arraial D'Ajuda, Trancoso, Ilhéus, Bom Jesus da Lapa, Feira de Santana, Lençóis, Igatú, Andaraí, Tanquinho, Cachoeira, São Felix, Vitória da Conquista
- **Ceará - CE**
  Jericoacoara, Fortaleza, Itapipoca, Ipu Mazagão, Aracati, Canoa Quebrada
- **Distrito Federal - DF**
  Brasília
- **Espírito Santo - ES**
  Guarapari, Vitória, Vila Velha
- **Goiás - GO**
  Goiânia, Catalão, Caldas Novas, Cidade de Goiás, Pirenópolis, São Jorge
- **Maranhão - MA**
  São Luiz, Raposa, Alcântara, Barreirinhas
- **Mato Grosso - MT**
  Cuiabá, Pantanal Matogrossense, Chapada dos Guimarães
- **Mato Grosso do Sul - MS**
  Campo Grande, Bonito, Dourados, Três Lagoas
- **Minas Gerais - MG**
  Belo Horizonte, Capitólio, São João Del Rei, Bichinho, Tiradentes, Congonhas, Ouro Preto, Lavras Novas, Ituiutaba, Uberlândia, Montes Claros, Araxá

- **Pará - PA**
  Belém, Bonito, Ilha do Marajó, Santarém, Alter do Chão, Belterra
- **Paraíba - PB**
  João Pessoa, Campina Grande, Alagoa Grande, Areia
- **Paraná - PR**
  Foz do Iguaçu, Curitiba
- **Pernambuco - PE**
  Recife, Caruaru
- **Piauí - PI**
  Parnaíba
- **Rio de Janeiro - RJ**
  Rio de Janeiro, Cabo Frio, Búzios
- **Rio Grande do Norte - RN**
  Natal, Tibal do Sul (Pipa), Lajes, Açu
- **Rio Grande do Sul - RS**
  Caxias do Sul, Pelotas, Chuí, Porto Grande, São Leopoldo, Bento Gonçalves, Nova Prata, Veranópolis, Gramado, Canela, Novo Hamburgo, Santo Ângelo
- **Rondônia - RO**
  Porto Velho
- **Roraima - RR**
  Boa Vista
- **Santa Catarina - SC**
  Blumenau, Pomerode, Florianópolis, Urubici, Lages, São Joaquim, Dom Pedro Alcântara
- **São Paulo - SP**
  Araçatuba, Rosana, Presidente Prudente, Franca, Bertioga
- **Sergie - SE**
  Aracajú, Canindé de S. francisco, Poço Redondo
- **Tocantins - TO**
  Palmas, Natividade, Paraíso do Tocantins